タブ

書式
[写真やクリップアートを選択したときのみ表示]

描画ツール

書式
[図形やワードアート,テキストボックスなどを選択したときのみ表示]

SmartArt ツール

デザイン

・・・・・・・・・・・・・・・

書式
[SmartArt を選択したときのみ表示]

バックステージビュー　　　「ファイル」タブ選択時

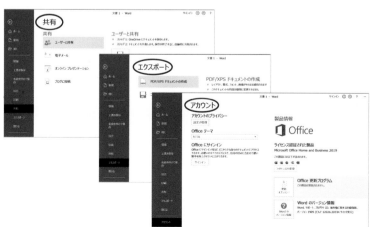

キーボード
▶ Keyboard

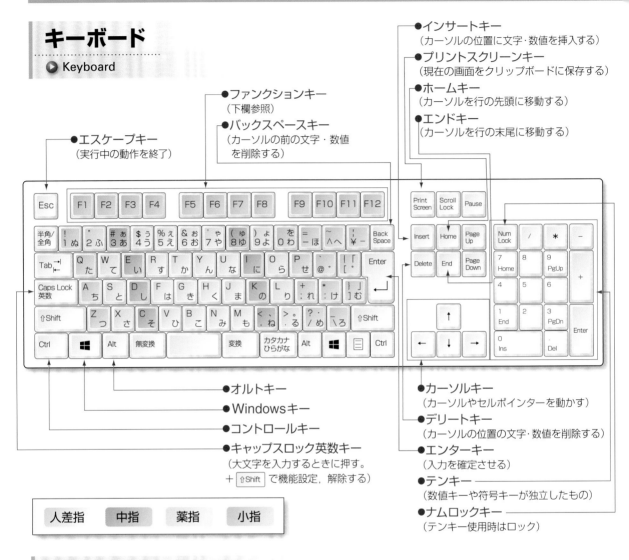

●エスケープキー
（実行中の動作を終了）

●ファンクションキー
（下欄参照）

●バックスペースキー
（カーソルの前の文字・数値を削除する）

●インサートキー
（カーソルの位置に文字・数値を挿入する）

●プリントスクリーンキー
（現在の画面をクリップボードに保存する）

●ホームキー
（カーソルを行の先頭に移動する）

●エンドキー
（カーソルを行の末尾に移動する）

●オルトキー

●Windowsキー

●コントロールキー

●キャップスロック英数キー
（大文字を入力するときに押す。
＋ ⇧Shift で機能設定，解除する）

●カーソルキー
（カーソルやセルポインターを動かす）

●デリートキー
（カーソルの位置の文字・数値を削除する）

●エンターキー
（入力を確定させる）

●テンキー
（数値キーや符号キーが独立したもの）

●ナムロックキー
（テンキー使用時はロック）

| 人差指 | 中指 | 薬指 | 小指 |

覚えておくと便利なショートカットキー
▶ Shortcut Key

Ctrl + C	コピー	Esc	操作を中止
Ctrl + X	切り取り	End	行の末尾までカーソルを移動
Ctrl + V	貼り付け	Home	行の先頭までカーソルを移動
Ctrl + Z	直前の操作を元に戻す	F1	ヘルプを表示
Ctrl + A	すべて選択	F4	直前の操作を繰り返す
Ctrl + S	文書を保存	F12	名前を付けて保存を表示
Ctrl + P	文書を印刷		

30 時間でマスター

Windows 10 対応

Word 2019

実教出版

CONTENTS

本書は2019年9月現在の状態のものをもとに作成しております。
お使いの環境によっては掲載されている画面図と同じにならない
ものもあるかもしれませんが，上記のことをご賢察のうえ，あし
からずご容赦ください。

1章 Windows10 の基礎

1 Microsoft Windows10 とは

オペレーティングシステム
コンピューターを動かす基本ソフトウェアのこと。

Microsoft Windows10とは，「Microsoft＝マイクロソフト」というアメリカの会社が作ったコンピューター用の**オペレーティングシステム（OS）**である。

Windowは，日本語で「窓」という意味であるが，これは「画面」と考えてよく，したがって，Windowsとは「複数の画面」のことをいう。一度に複数の窓を開くことができ，それぞれの窓で，例えばワープロ，表計算，ゲームなど，いろいろなアプリを同時に使える。

2 Windows10 の起動と終了

1 Windows10 の起動

使う環境によっては，サインイン画面が表示されずに自動的にサインインされ，デスクトップ画面が表示される。

デスクトップ
Windows では，画面全体を机の上に見立てて**デスクトップ**と呼ぶ。基本的には作業領域のことを指していると考えてよい。

① コンピューターの電源を入れると，Windows10の起動画面が表示される。初期設定時にアカウントとパスワードを設定していると，サインインの画面が表示されるので，その情報を入力する。

② サインインすると，デスクトップの画面が表示される。

③ デスクトップ画面の左下にある ⊞ **（スタートボタン）**をクリックすると，スタート画面が表示される。

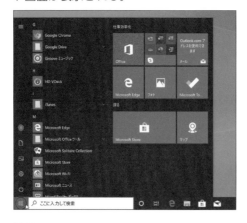

2 マウスの操作

　マウスには，Windows10の操作をするうえで重要な役割がある。マウスには左ボタンと右ボタンの2つのボタンがあり，ボタンを押すことでコンピューターにさまざまな指示を与えることができる。さらに2つのボタンの間に，ドキュメントやWeb ページを簡単にスクロールできる**スクロールホイール**があるものもある。マウスによってはスクロールホイールを押すと，第3のボタンとして機能させることもできる。

　Windows10の画面では，机の上でのマウスの動きに対応して，矢印が動く。この矢印のことを**マウスポインター**と呼ぶ。

◆◆◆◆◆◆◆◆ **マウスの操作方法**

タッチスクリーン用の操作は本書では扱わない。

クリック	
画面に表示されている項目（絵・文字など）をマウスポインターで指し，マウスの左ボタンを1回**カチッ**と押すこと。	
ダブルクリック	
項目をマウスポインターで指して，マウスの左ボタンを**カチッカチッ**とすばやく2度押すこと（マウスを動かさないように注意する）。	
ドラッグ	
項目をマウスポインターで指して，左ボタンを**押したまま**マウスを動かすこと。	
ポイント	
特定の項目にマウスポインターを合わせること。	
右クリック	
マウスの右ボタンを押すこと。ショートカットメニューが表示されることが多い。	
ドラッグアンドドロップ	
マウスの左ボタンを押したままマウスを動かし，目的の場所でボタンを離すこと。	
スクロール	
マウス中央のホイールを回転させ，マウスポインターを動かさずに画面を上下させること。	

デスクトップの構成

画面左下端の(**スタートボタン**)をクリックして，デスクトップにスタート画面が表示されている状態で説明する。

◆◆◆◆◆◆**デスクトップの画面構成**

Windows の バージョンは「1903」として説明する。

⑨スタートメニュー

⑧
⑦
⑥
⑤
④
③スタートボタン

⑫タイル　⑪スタート画面

①**アイコン**

ごみ箱

削除したファイルを一時的に保管しておく場所である。
ごみ箱を使うと，誤って削除してしまったファイルを元に戻すことができる。

アプリの機能を表す絵で，アプリを簡単に起動するための「スイッチ」になっている。マウスでアイコンを**ダブルクリック**すると，絵に該当するアプリが起動する。デスクトップには**[ごみ箱]**が表示されている。

ごみ箱

②**マウスポインター**

Windowsを操作するとき，画面に表示された対象を選択する目印。マウスの動きに合わせて動き，操作の内容によって，形が変わる。

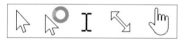

③**スタートボタン**

アプリとは，特定の目的を実現するためのソフトウェアのこと。たとえば，Word は文書を作成するアプリである。

画面下にある  のボタンのこと。Windowsの機能や**アプリ**を起動したり，フォルダーやファイルを開いたりすることができる。Windowsのさまざまな操作の起点となる。

④**電源**

[スリープ]，**[シャットダウン]**，**[再起動]**の電源メニューを表示する。

⑤**設定**

[設定]画面を表示する。

⑥**ピクチャ**

[ピクチャ]のフォルダーを表示する。

⑦**ドキュメント**

[ドキュメント]のフォルダーを表示する。

⑧**アカウント**

コンピューターのロックやサインアウト，別のアカウントへの切り替え，アカウントの画像の変更を行うメニューを表示する。

⑨**スタートメニュー**

左側には**アプリの一覧**，右側には**スタート画面**が表示される。

⑩**アプリの一覧**

コンピューターにインストールされているアプリの一覧が表示される。[**最近追加されたアプリ**]，[**よく使うアプリ**]，[**おすすめ**]，[**♯**]，[**A**]などのグループごとにアプリがリストアップされる（コンピューターの環境によって表示が異なる）。

⑪**スタート画面**

スタートメニューの右側にある，タイルが表示されている部分であり，タイルをグループ化できる。

⑫**タイル**

アイコンなどが入ったボックスが，タイルのようににに並べられているので「タイル」と呼ぶ。

アプリを起動するために利用する。アプリによっては最新情報などがタイルに表示される。

⑬**検索ボックス**

文字を入力すると，インターネットで情報を検索したり，コンピューター内のアプリを探すことができる。

⑭**タスクバー**

P.14 参照

画面の最下部に表示されるバー。実行中のアプリや開いているフォルダーなどが表示される。アプリをすぐに起動するボタンを登録することができ，標準の状態では[**Cortanaに話しかける**]，[**タスクビュー**]，[**Microsoft Edge**]，[**エクスプローラー**]，[**ストア**]，[**メール**]が登録されている。

⑮**通知領域**

ネットワーク，音量のアイコン，時計などが表示される。（[**隠れているインジケーターを表示します]ボタン**）が表示されていればクリックして，より多くの情報を確認できる。

⑯**アクションセンター**

タスクバーの右端にある「吹き出しアイコン」で，アクションセンターに通知があると，アイコンに数字が付加される。

Windows10 の終了

電源オフには**スリープ**，**シャットダウン**の2つの方法がある。

① ［**スタート**］メニューを開き，［**電源**］をクリックする。

② ［**電源**］メニューが表示される。このリストの中から［**スリープ**］や［**シャットダウン**］を選び，クリックすることで，その処理が行われる。

**スリープ**

セッション
ログインしてからログアウトするまでの一連の操作。

　スリープとは，すばやく作業を再開できるように，セッションを一時的に保持してコンピューターを低電力状態にすることである。機種によっては，非動作状態が一定時間続くと自動的にスリープ状態になるものもある。

スリープ状態の解除

　スリープ状態を解除するには，コンピューター本体の電源ボタンを押せばよい。任意のキーを押しても解除できる。

シャットダウン

　シャットダウンとは，動いているプログラムをすべて閉じて，Windows10を終了してから，コンピューターの電源を切ることである。アプリの追加やアップグレードなどをする場合には，それらをコンピューターに反映させるために，一度シャットダウンをする。

　参考◆……シャットダウンではなく，再起動をすることでも設定を反映させることができる。再起動すると，コンピューターを一度シャットダウンさせ，改めて起動させるという一連の流れを自動的にコンピューターが行ってくれる。

3 アプリの基本操作

Windows10で動作するアプリケーションの総称を「**アプリ**」と呼ぶ。Windows10には，標準でさまざまなアプリが搭載されている。

1 アプリの起動

ここでは，**メモ帳**を例に説明していく。

① ■ (**スタートボタン**) をクリックし，マウスポインターを[**アプリの一覧**]とタイルの境界線に合わせると，アプリバーが表示されるので，下方向にスクロールさせ，マウスポインターを[**Windowsアクセサリ**]に合わせクリックする。

② [**Windowsアクセサリ**]に含まれるアプリの一覧が表示されるので，[**メモ帳**]を選択しクリックする。

アルファベット順と五十音順にアプリが並んでいるので，Wの項までスクロールさせて選択する。

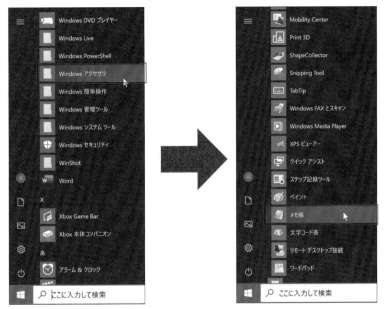

③ [**メモ帳**]のウィンドウが表示され，[**メモ帳**]の機能が利用できる。

2 アプリの画面構成

　実際に表示される内容はウィンドウによって異なるが，いくつかの点はすべての
ウィンドウで共通している。たとえば，どのウィンドウも，画面の主要作業領域であ
るデスクトップ上に表示される。

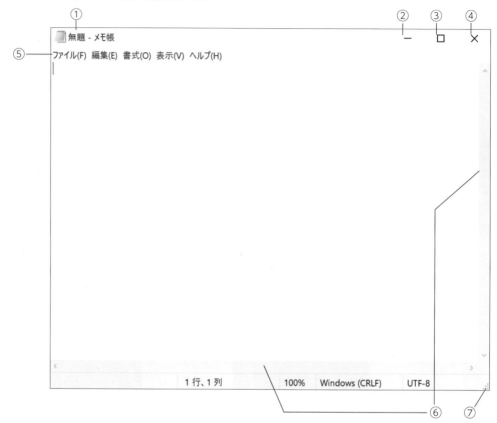

①タイトルバー
　使用しているアプリの名前（フォルダーを操作している場合はフォルダー名）と，そ
のファイル名が表示される場所。
②最小化ボタン
　ウィンドウを非表示にする。
③最大化ボタン
　ウィンドウを画面いっぱいに表示する。
④閉じるボタン
　ウィンドウを閉じる。
⑤メニューバー
　この領域に表示されている項目を選択することで，さまざまな機能を利用できる。
⑥スクロールバー
　バーを動かすことで，ウィンドウの表示内容をスクロールさせることができ，画面
表示されていなかった情報を表示できる。
⑦境界線とコーナー（四隅）
　これらをマウスポインターでドラッグして，ウィンドウのサイズを変更する。

3 ウィンドウの操作方法

ここでは，ウィンドウの操作を学習しよう。

◆◆◆◆◆◆◆ウィンドウの移動

① マウスポインターをウィンドウ上部のタイトルバーに移動する。

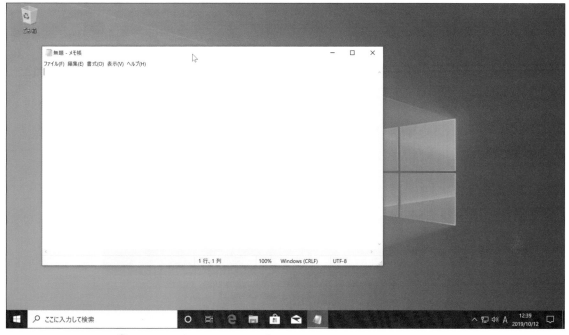

② ドラッグアンドドロップすることで，好みの位置にウィンドウを動かすことができる。マウスでウィンドウを持つような感じで行うとよい。

◆◆◆◆◆◆◆ウィンドウのサイズの変更（上下左右の拡大・縮小）

① ウィンドウのコーナー（四隅）にマウスポインターを移動させる。

② マウスポインターの形が に変わったことを確認したら，そのままマウスをドラッグアンドドロップする。

③ マウスポインターの動きに合わせてウィンドウの枠が変化する。マウスでウィンドウを引っ張るような感じで行うとよい。

境界線でも同じようにウィンドウの大きさを変えることができる。
横枠をつかんだときは横幅を，縦枠をつかんだときは縦幅を変更させることができる。

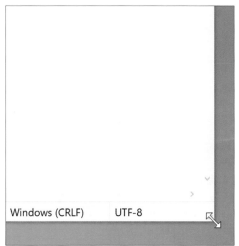

最小化ボタン
↓
最大化ボタン
↓

終了ボタン

◆◆◆◆◆◆◆ 画面からウィンドウを一時的に消す

ウィンドウの右上にある ― (**最小化ボタン**)をクリックすると，作業途中のまま
タスクバーにウィンドウを格納しておくことができる。

Windowsの起動直後，タスクバーにアプリの表示はないが，メモ帳を起動すると，
以下のようなアイコンが出現する。

ウィンドウを元の状態に戻すには，タスクバー上のアイコンをクリックすればよい。

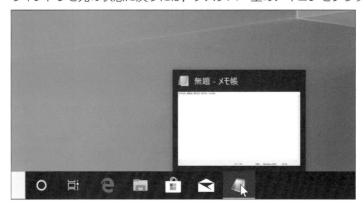

アプリが起動しているときは，タスクバーのアイコンにマウスポインターを合わせると，サムネイルが表示される。

◆◆◆◆◆◆◆ ウィンドウを画面いっぱいに広げる

ウィンドウの右上にある 口 (**最大化ボタン**)をクリックすると，そのウィンドウは
ディスプレイ全体に広がって表示される(**最大化**という)。

最大化されているウィンドウでは，最大化ボタンが 回 (**元に戻す(縮小)ボタン**)に
変更される。このボタンをクリックすると，最大化する以前の大きさに戻る。

◆◆◆◆◆◆◆ ウィンドウを閉じる

ウィンドウの右上にある × (**閉じるボタン**)をクリックすると，アプリが終了し，
ウィンドウが閉じる。メニューバーから[**ファイル(F)**]-[**メモ帳の終了(X)**]をクリッ
クしても同じ結果になる。

4 複数アプリの起動

1 マルチタスク

「マルチ」は「複数の」,「タスク」は「仕事」という意味。

Windows10は，画面上に複数のアプリを起動させ，切り替えながら作業することができる**マルチタスク**OSである。

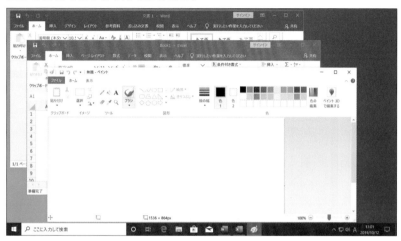

2 Windows アクセサリ

スタートメニューの左側には，コンピューターにインストールされているすべてのアプリが登録されており，アルファベットと五十音順に表示される。一部のアプリはフォルダーにまとめられていて，フォルダー名の右側の ∨ をクリックすると，フォルダー内を表示できる。たとえば，Windows10に標準でインストールされている「ペイント」や「メモ帳」などは**[Windowsアクセサリ]**フォルダー，「エクスプローラー」や「コントロールパネル」などは**[Windowsシステムツール]**のフォルダーにまとめられている。

[Windowsアクセサリ]の中に入っているアプリは，文書の作成や絵を描くなど，いろいろな作業を行うことができるので，ぜひ使ってみよう。よく使われるものを簡単に説明する。

① Internet Explorer

Microsoft Edgeと同じようなWebブラウザー。

②**ペイント**

単純なお絵かきアプリ。初心者や小さな子どもでも楽しく絵を描くことができる。

③**メモ帳**

メモ書き程度の簡単な文書を作成するアプリ。

④**ワードパッド**

シンプルな機能のワープロアプリ。

参考◆……**[Windowsアクセサリ]**フォルダー内ではないが，音楽や映像，画像などのメディアを楽しむ**[Windows Media Player]**も登録されている。

5 タスクバーの利用

1 アプリの切り替え

メモ帳ウィンドウの
どこかをクリックし
ても前面に出すこと
ができる。

複数のアプリが起動しているとき，使いたいアプリを前面に出す必要がある。このときに使用するのが**タスクバー**である。ここでは，メモ帳とペイントが起動しているものとして説明する。

① タスクバー上の[**メモ帳**]のボタンをクリックすると，[**メモ帳**]のウィンドウが前面に出る。このとき，タスクバーのボタンの色が白っぽくなる。

2 サムネイルツールバー（縮小表示バー）

サムネイル
大きなファイルを開
かなくても，どんな
画像や内容なのかが
ひと目でわかるよう
に縮小画像で見せる
こと。

サムネイルツールバーとは，起動中のアプリのウィンドウをサムネイルで表示する機能である。タスクバーでは，アプリがアイコンの一覧の形式で表示される。アプリのアイコンにマウスポインターを合わせると，サムネイルツールバーが現われ，現在ウィンドウで表示されている画面がサムネイルで表示される。このため，一つひとつウィンドウを開いて確認する必要はなく，簡単にアプリの状況が確認できる。

1つのアプリで複数のウィンドウを開いている場合，サムネイルツールバーには複数のサムネイルが並んで表示される。

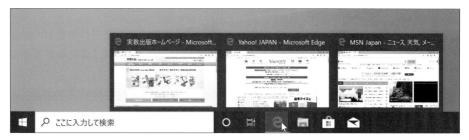

サムネイルツールバー上で表示させたサムネイルにマウスポインターを合わせると，ウィンドウを元のサイズに戻した状態でデスクトップ上に表示される機能を**フルスクリーンプレビュー**という。他のウィンドウは透過するので，ウィンドウの状況をより詳しく把握することができる。

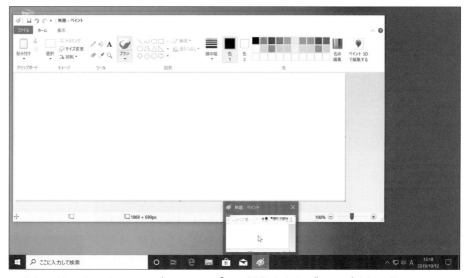

また，サムネイルツールバーにはアプリの操作を行うボタンが追加可能となっており，たとえば，Windows Media Playerの再生・停止のようないくつかの簡単な操作が追加できる。

3　通知領域とアクションセンター

通知領域

コンピューターによっては，もっとたくさんのアイコンが並んでいることもあり，順番も異なることがある。

タスクバーの右端には**通知領域**がある。音量やバッテリー残量，起動中のアプリ等のアイコンが並んでおり，アイコンをクリック，またはダブルクリックすることで，各機能の状態などを確認することができる。

これらのアイコンはタスクバーにつねに表示されるものと，ふだんは隠れていてボタン ^ をクリックすることで見えるようになるものがある。

アクションセンター

Windows10では，新着メッセージやアプリからのお知らせが，画面の右下に「トースト」と呼ばれる長方形の通知で表示されることがある。IP電話の着信を表示したり，何らかの変更があったりしたときに教えてくれる機能である。トーストは時間が経過すると消えてしまう。

> ⚙ **Microsoft アカウントの問題**
> お使いの Microsoft アカウントを修正する必要があります（最も多いのはパスワードが変更された場合）。こちらを選択し，[共有エクスペリエンス] の設定で修正してください。

通知領域の 🗔 (**アクションセンター**)をクリックすると，アクションセンターが開く。アクションセンターでは，システムやアプリからの通知をまとめて確認できるほか，下部にはネットワーク接続や，タブレットモードのオン／オフといった設定メニューが表示される。

6 エクスプローラー

エクスプローラーとは，コンピューターに保存されているファイルやフォルダーなどを管理するウィンドウである。また，フォルダーやファイルの新規作成，移動，コピー，削除などのファイル関連の操作を行うこともできる。

1 エクスプローラーの起動

① タスクバーの[**エクスプローラー**]をクリックする。

② [**クイックアクセス**]フォルダーが表示される。

クイックアクセス
「よく使用するフォルダー」や「最近使用したファイル」がすぐに利用できる機能。

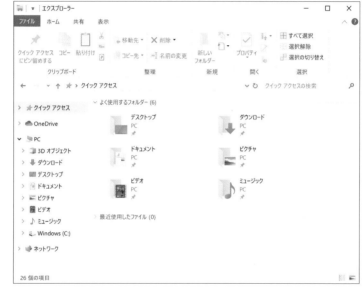

③ [PC]をクリックすると，「**デバイスとドライブ**」が表示される。

2 エクスプローラーの画面構成

エクスプローラーの画面の各部の名称と機能を確認しておこう。

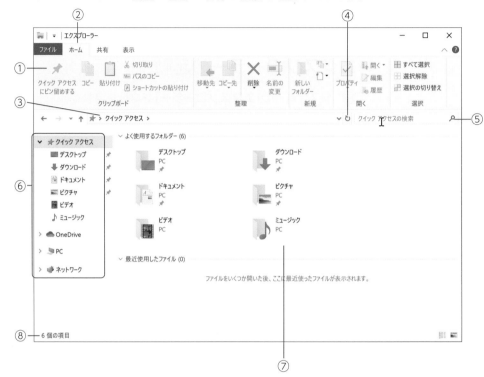

①リボン

その場所でできる操作や利用できる機能などをまとめたもので, [**ホーム**] [**共有**] [**表示**]のそれぞれのタブをクリックすると, 新しいフォルダーを作成したり, ファイルやフォルダーのコピーなどの機能が利用できる。

②タブ

表示されているフォルダーで行える操作や利用できる機能が表示される。

③アドレスバー

開いているフォルダーの上位のフォルダーが, すべて表示される。

④更新ボタン

⑥や⑦に表示される内容など最新の情報に更新する。

⑤検索ボックス

ファイルやフォルダーを検索するときに使う。

⑥ナビゲーションウィンドウ

「クイックアクセス」や「One Drive」などがあり, その下には「PC」や「ネットワーク」が並んでいる。コンピューターで利用できるドライブやフォルダーが表示される。

⑦フォルダーウィンドウ

コンピューターのファイルやフォルダーを表示したり, 操作したりできる。

⑧ステータスバー

クリックしたフォルダー内のファイルの数やファイルのサイズなどが表示される。

アドレスバーの区切り ❯ をクリックすると, 移動したいフォルダーをすぐに選択できる。

参考◆各フォルダーの名前と用途

	クイックアクセス	よく使用するフォルダーや，最近使用したファイルなどが表示される
	デスクトップ	デスクトップにあるファイルやフォルダーが表示される
	ダウンロード	Webページからダウンロードしたファイルが保存されている
	ドキュメント	おもに文書ファイルが保存される
	ピクチャ	おもに画像ファイルが保存される
	ビデオ	おもに動画ファイルが保存される
	ミュージック	おもに音楽ファイルが保存される

参考◆おもなアイコン……Windows10ではファイル，フォルダー，プログラム，ハードウェアなどがすべてアイコンで表示される。特にアプリとそれに関連するファイルはそれを表す固有のアイコンで表示されるのですぐわかるようになっている。

	Windows10がインストールされているドライブ		ドライブ
	DVD-RWドライブ		プリンター
	テキスト文書		フォルダー（ファイルなし）
	フォルダー（ファイルあり）		ヘルプファイル

7 フォルダーの作成と削除

　フォルダーはファイルを保存するためだけではなく，整理する役割も担っている。ファイルを論理的にグループ分けしておけば，必要なファイルをすぐに見つけ出すことができる。また，フォルダーには，ファイルだけではなく他のフォルダーを保存することができる。フォルダー内に配置されたフォルダーを**サブフォルダー**という。作成できるサブフォルダーの数に制限はなく，各サブフォルダーには，ファイルや他のサブフォルダーをいくつも格納できる。

1 フォルダーの作成

　ここでは，練習として，デスクトップに自分の名前のフォルダーを作成してみよう。
① デスクトップ上の何もないところで，右クリックしてファイル操作メニューを表示させ，[**新規作成(X)**]-[**フォルダー(F)**]を選択し，クリックする。

② 新しいフォルダーが作成されるので，自分の名前を入力する。

練習1　学校の名前のフォルダーを作成してみよう。

2 フォルダーの削除

　フォルダーを削除するには，マウスポインターをフォルダーに合わせて右クリックして，[**削除(D)**]を選択すればよい。

8 ファイルの検索

　スタートメニューの検索ボックスが，インターネット上やコンピューター内のすべてのフォルダーやファイルを対象に検索するのに対して，エクスプローラーの検索ボックスは，選択している場所のフォルダーやファイルを対象に検索する。探しているファイルの場所がわかっているときには，エクスプローラーから検索したほうが検索時間を短縮できる。

　ここでは，実教出版からダウンロードしたフォルダー「30HW_2019」が[**ダウンロード**]にコピーされているものとして説明する。

① 検索する場所を[**ダウンロード**]にして，検索ボックスをクリックする。

② 「白川郷」と入力すると，検索結果が表示される。

エクスプローラーで検索を実行すると，開いているフォルダーのさらに下の階層にあるフォルダー内のファイルも検索される。現在のフォルダーにあるファイルだけを検索したい場合は，②の画面で，[**検索**]タブの[**現在のフォルダー**]をクリックする。

③ ここでは，「白川郷B」を選択する。サムネイルをダブルクリックすると画像が表示される。

参考◆……エクスプローラーは，条件を加えて検索することができる。文書の場合には，**[検索]**タブで**[分類]**-**[ドキュメント]**をクリックする。特定の種類のファイルだけを検索できる**[分類]**メニューのほかに，更新日時からファイルを絞り込む**[更新日]**や，ファイルサイズで絞り込む**[サイズ]**などのメニューがある。

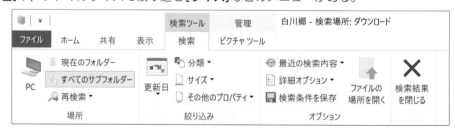

9 便利な右クリック

　デスクトップ，タスクバー，各アプリ上でマウスの右ボタンをクリックするだけで，その場面で利用できる操作メニューが表示される。マウスポインターを少し動かすだけで操作できるので，作業効率が大幅に向上する。

〈スタートボタン〉

コマンドのクイックリンクが表示される。

〈デスクトップ上のアイコン〉

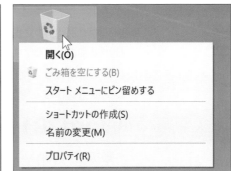

ごみ箱を右クリックすると，[開く(O)]，[ごみ箱を空にする(B)]などのメニューが表示される。

〈タスクバーのボタン上〉

関連の操作メニューやよくアクセスするサイトやファイルが表示される。

〈ボタンのないタスクバー上〉

[ツールバー(T)]，[検索(H)]にはサブメニューが表示される。

2章 Word 入門

Word2019 は，機能が豊富であり，葉書の宛名と文面を作成する機能や文書をインターネット上で活用するための機能も備わっている。この章では，基本的な入力操作を学習する。

1 Word2019 とは

Word2019は文書の作成や印刷を行うワープロソフトであり，Windows10と同様に米国のマイクロソフト社によって作られた。手書きに比べて，読みやすい文書を作ることができるだけではなく，手紙，論文，報告書や小冊子など，高品質なデザインの文書を作成，編集もできる。

2 Word2019 の起動と終了

最初に，Word2019はどのようにすれば起動，終了できるのかを学習しよう。

1 Word2019 の起動

① スタート画面下の ⊞ (**スタートボタン**)をクリックして，スタートメニューの中にある[W]のグループを表示し，⌨ [Word]をクリックする。

② Word2019が起動し，スタート画面が表示されるので，[**白紙の文書**]をクリックする。

Wordのスタート画面には，テンプレートと呼ばれる文書のひな形が表示され，この中から，作りたい文書のテンプレートを選ぶことができる。

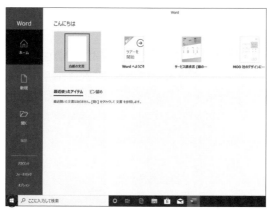

タスクバーには，Wordのボタンが表示される。

③ Word2019の編集画面に白紙の文書が表示される。

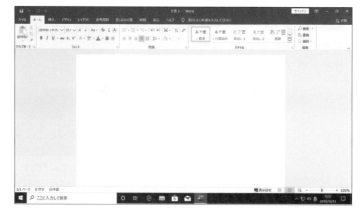

参考◆……Word2019をタスクバーから起動するには次のようにする。

① スタート画面にある  [Word]を右クリックする。

② [その他]-[タスクバーにピン留めする]をクリックする。

③ タスクバーにWordのボタンが表示され，起動できるようになる。

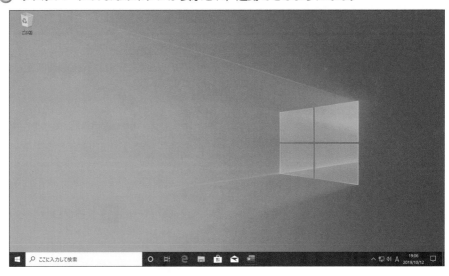

④ また，タスクバーからWordのボタンを削除するには，タスクバーのボタンを右クリックして[タスクバーからピン留めを外す]を選択する。

[アプリ]の一覧のWordを右クリックして出てくる[タスクバーからピン留めを外す]を選択してもよい。

2 Word2019 の終了

① タイトルバーの ☒ (閉じる)をクリックする。

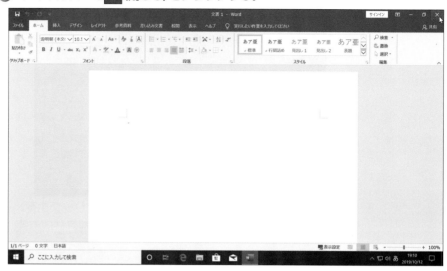

② 文字(スペースを含む)が入力されていると下記のようなメッセージが表示される。ここでは 保存しない(N) をクリックし，文書を保存せずに終了する。

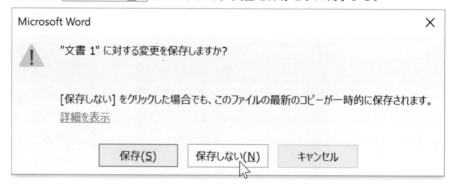

参考◆……終了するには，タスクバーの ■ を右クリックして，[ウィンドウを閉じる]を選択してもよい。

3 Word2019 の画面構成

Word2019の画面と各部の名称・機能は以下のようになっている。

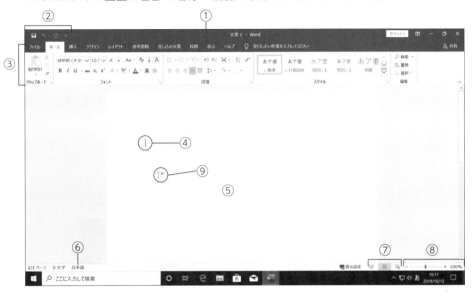

①**タイトルバー**…アプリ名と，作成中の文書名が表示される。

②**クイックアクセスツールバー**… 🔲(上書き保存)，🔄(繰り返し)などを実行することができる。また， 🔽 をクリックするとさまざまなコマンドを表すボタンを追加できる。

③**リボン**…目的に沿って構成されたタブがあり，それぞれがいくつかのグループに分類されている。コマンドを実行するには，マウスポインターをタブに合わせてクリックし表示されたコマンドボタンをクリックするか，クリックすると表示されるプルダウンメニューより選択する。右下にある 🔽 (**ダイアログボックス起動ツール**)をクリックすると，ダイアログボックスが表示され，操作を実行することも可能。

④**カーソル**…文字が入力される位置を示す。

⑤**文書ウィンドウ**…文書を入力する場所。

⑥**ステータスバー**…作業中の文書や選択しているコマンドの状態を表示する。

⑦**文書表示ボタン**…入力中の文書の表示を切り替えるときに使用する。

   📖**閲覧モード**…全画面閲覧表示で文書を表示するとき。

   📄**印刷レイアウト**…テキストなど，印刷時の配置を確認するとき。

   🌐**Webレイアウト**…Webページ用の文書を作成するとき。

⑧**ズームスライダー**…ドキュメントの表示倍率を設定する。

⑨**マウスポインター**…マウスの現在位置。作業状態によって変化する。

   I 文書内にマウスポインターがあるとき。

   🔍 メニューバーやツールバーなどを選択しているとき。

   ↗ 文書ウィンドウの左側にマウスポインターがあるとき。この形のときクリックすると，文書を行単位で範囲選択できる。

4 日本語の入力

ここでは，Windows10の日本語入力システムMicrosoft IMEを利用する。

1 入力方式の設定

ローマ字入力はキーの位置を覚える数が少ないので，キーボードに早く慣れることができる。

　文字を入力するにあたっては，ローマ字入力とかな入力を選択することができる。ローマ字入力は，アルファベットを組み合わせて日本語の読みを入力し，変換する方法である。かな入力は，キーボード上にあるかな文字をそのまま打鍵して入力・変換する方法である。

　2つの入力方式は，キーボードやマウスの操作で切り替えられる。入力方式がローマ字入力かかな入力かは，以下の手順で確認できる。

① 言語バーのボタンにマウスポインターを合わせる。

② 右クリックすると，メニューが表示されるので，［ローマ字入力 /かな入力(M)］を選択する。設定されている入力方式の横に ● が表示されている。

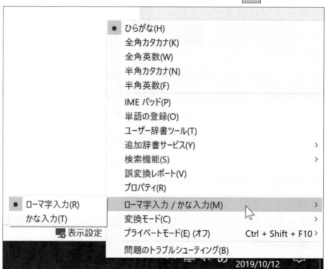

参考◆……ローマ字入力とかな入力を切り替えるには，Alt を押したまま カタカナ を押すと，次の画面が表示されるので，［はい(Y)］をクリックする方法でもできる。

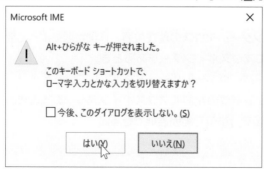

2 入力モードの種類と切り替え方法

アイコンの表示で設定済みの入力モードが確認できる。

　IMEでは，「ひらがな」「全角カタカナ」「全角英数」「半角カタカナ」「半角英数」の5種類の文字入力モードがある。切り替えは，マウスの操作で行える。言語バーのボタンを右クリックすると，メニューが表示されるので，入力モードを選択してクリックする。

参考◆……よく使う[**ひらがな(H)**]と[**半角英数(F)**]は，マウス操作の他に，半角/全角や英数でも切り替えることができる。

参考◆……[**変換モード(C)**]は，キーボードから入力した文字を漢字などに変換するかどうかを選択する機能である。通常は[**一般(G)**]に設定されているが，[**無変換(O)**]を選択すると，押したキーの文字がそのまま画面に入力される。

5　文字の入力

1　キーボードの文字

　Word2019を起動し，キーボードにある文字を実際に入力してみよう。
　キーには最大4つの文字や記号が表示されている。これらは，Shiftや言語バーで入力モードを切り替えて，次のように使い分ける。

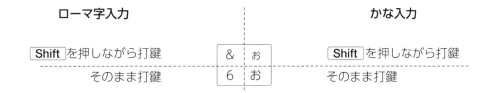

ローマ字入力			かな入力
Shiftを押しながら打鍵	&	ぉ	Shiftを押しながら打鍵
そのまま打鍵	6	お	そのまま打鍵

（例1）　次のように文字を入力し，改行しよう。

```
6  &  お  ぉ
|
```

ここでは文字列キーにある「6」を使用している。テンキー上にある「6」を使用したときは同じ結果にならない。

① 6のキーを押す。「6」が表示される。

```
6|
```

② Enterを押す。文字の下にある点線が消え，入力した文字が確定する。

```
6|
```

③ スペースを押す。空白が1つあく。

```
6  |
```

Caps Lockのオン／オフ
Shift+Caps Lock
を押すと，英文字は大文字になる。解除するにはもう一度Shift+Caps Lock

④ Shiftを押しながら，同じ6のキーを押す。「6」の上段にある「&」が表示される。Enterを押し，確定する。

⑤ スペースを押す。空白が1つあく。

⑥ かな入力の状態にする。

⑦ 「6」のキーを押す。「お」が表示される。[Enter] を押し，確定する。

> 6　＆　お|

⑧ [スペース] を押す。空白が1つあく。

⑨ [Shift] を押しながら，同じ [6] のキーを押す。「お」の上段にある「ぉ」が表示される。[Enter] を押し，確定する。

⑩ もう一度 [Enter] を押す。改行され，カーソルは次の行に移動する。

練習2　次の文字を入力しよう。

> 9　）　ょ　よ　8　（　ゅ　ゆ　7　'　ゃ　や　5　％　え　ぇ
> 4　＄　う　ぅ　3　＃　あ　ぁ　2　"　ふ　1　！　ぬ　0　を　わ

2　ひらがなの入力

「ん」の入力
「ん」の次の文字が子音（AIUEOの母音以外の文字）の場合にはNが1つでも自動的に「ん」に変換される。

促音の入力
[R][A][L][T][U][K][Y][O][U] と1文字ずつ入力してもよい。この場合 [L][T][U] が「っ」である。なお，[L][T][U] のかわりに [X][T][U] でもよい。

ひらがな小文字
先頭に [L]（[X]）をつける。

ここではローマ字入力を前提に説明を行う。

（例2）　次の文字を入力しよう。

> なす　だいこん　らっきょう

① [N][A][S][U] と入力し，[Enter] を押して確定する。

② [スペース] を押す。空白が1つあく。

③ [D][A][I][K][O][N][N] と入力し，[Enter] を押して確定する。
「ん」を入力するには，基本的に [N][N] とキーを押す。

④ [スペース] を押す。空白が1つあく。

⑤ [R][A][K][K][Y][O][U] と入力し，[Enter] を押して確定する。
促音「っ」を入力するには，基本的に次に入力する文字を重ねる。この場合「きょ」と入力するので [K][K][Y][O] とキーを押す。「っきょ」と促音がついて入力される。

練習3　次の文字を入力しよう。

> はくさい　そらまめ　ほうれんそう　たまねぎ　きゅうり　かんぴょう
> かぶ　しょうが　さやえんどう　にら　ふき　かぼちゃ　いんげん
> もやし　かいわれだいこん　こまつな　しゅんぎく　ちんげんさい
> のざわな　せろり　れたす　みずな　あさり　あじ　あわび　いわし
> うなぎ　かつお　かわはぎ　かれい　さけ　さば　さわら　すずき
> どじょう　はも　ひらめ　ふぐ　ふな　ぶり　まぐろ　ます　わかさぎ
> あんず　すもも　びわ　どんぐり　みかん　ひいらぎ　かしわ　ききょう
> きり　かつら　さくら　もも　うめ　ひのき　くぬぎ　くり　もみじ
> みつまた　しゅろ　かえで　しらかば　たちばな　とちのき　けやき

3 カタカナの入力

（例3） 次の文字を入力しよう。

> ピンポン　フェンシング

① P I N P O N N と入力する。

> ぴんぽん|

② F7 を押す。全角カタカナに変換される。

> ピンポン|

③ Enter を押して確定する。
④ スペース を押して空白を１つあけ，F E N S I N G U と入力する。
⑤ F8 を押す。半角カタカナに変換される。
⑥ Enter を押して確定する。

> ﾌｪﾝｼﾝｸﾞ|

（例4） 次の文字を入力してみよう。

> バスケットボール

① B A S U K E T T O B O ― R U と入力する。
② F7 を押してカタカナに変換し，Enter を押して確定する。

練習4 次の文字を入力しよう。

> バドミントン　ソフトボール　ボクシング　カヌー　サッカー　サーフィン
> スポーツクライミング　ゴルフ　ホッケー　ボート　ラグビー　テニス
> バレーボール　レスリング　アーチェリー　ハンドボール　スケートボード

4 アルファベットの入力

（例5） 次の文字を入力しよう。

> DVD　Video

① D V D と入力する。

> d v d|

② そのまま F9 を押す。点線が実線に変わる。

> d v d|

③ さらに F9 を押す。英大文字が表示される。
F9 を押すたびに，文字がdvd → DVD → Dvdと変化する。

カタカナ変換は スペース を押して変換してもよい。一般的に使用されている用語はたいてい変換できる。ただし，辞書にない特殊な用語などを変換するには F7 を押す。

ファンクション・キーによる変換
F7 → 全角カナ
F8 → 半角
F6 → ひらがな

長音「ー」
= ほ を押す。

全角英数の入力
F9 を押す。

④ 「DVD」と表示されたところで Enter を押して確定する。

⑤ スペース を押す。空白が1つあく。

⑥ V I D E O と入力する。「ヴぃでお」と表示される。

> ヴぃでお|

英字のみを入力する
のであれば，入力
モードを変更したほ
うがよい。入力モー
ドの変更は，言語
バーのメニューから
入力モードを選択し
てクリックする。

⑦ F10 を押す。半角英小文字に変換される。

> video|

半角英数の入力
F10 を押す。

⑧ さらに F10 を押す。半角英大文字に変換される。

F10 を押すたびに，文字が video → VIDEO → Video と変化する。

⑨ 「Video」と表示されたところで Enter を押して確定する。

練習5 次の文字を入力しよう。

> ATOK　AMD　BIOS　CMOS　CATV　Acrobat　ActiveX　analog
> applet　blog　byte　click　display　media　database　default

5 漢字変換

(例6) 次の文字を入力しよう。

> 校正

① K O U S E I と入力する。

② スペース を押すと，漢字に変換される（表示される漢字は**辞書**の学習機能の状況に応じて異なる）。さらに スペース を押す。他の漢字が表示される。「校正」に変換されるまで スペース を押す。目的の漢字に変換されたところで Enter を押して確定する。

辞書
どのひらがな文字列
をどのような漢字に
変換するか記憶した
部分があり，これを
辞書と呼ぶ。

校正|

```
1  構成
2  佼成
3  校正
4  厚生    目
5  公正
6  攻勢
7  更生    目
8  後世    目
9  抗生
```

各漢字の左側に表示
されている番号を入
力することで，目的
の漢字を表示させる
ことが可能である。

練習6 次の文字を入力しよう。

> 地震　自身　後援　公演　干渉　鑑賞　機関　気管　既刊　視覚　資格
> 対象　対称　塩化　円貨　温室　音質　感激　観劇　親権　真剣　新券

参考◆……IMEには，「予測入力」という機能が備わっていて，文字が入力されると，自動的に漢字などの変換候補が表示される。予測入力で表示された候補をそのまま使いたいときは，[Tab]や[↓]を押して選択する。

参考◆……同じ漢字変換をすると，学習機能が働き変換候補群は次のようになる。

学習機能によって，表示される結果がこの例とは異なる場合がある。

参考◆……変換候補が多い場合は，[Tab]を押すか，右下の[»]をクリックすると変換候補を一覧表示することができる。もう一度[Tab]を押すか，右下の[«]をクリックすると表示は元に戻る。

参考◆……「厚生」のように右側にアイコンのついた変換候補を青色表示させると，同音異義語についてのコメントを表示させることができる。

参考◆……一度確定した漢字も，キーボードにある[変換]を使うと再変換できる。再変換したい漢字をドラッグして選択するか，漢字の前後にカーソルを合わせて，[変換]を押す。すると，再変換の候補が表示される。

4 日本語の入力 33

6 記号の入力（1）

（例7） 次の文字を入力しよう。

> ＆　〒

◆◆◆◆◆◆◆キーボードから入力

① [Shift]を押しながら，[6]のキーを押すと「＆」が表示される。[Enter]を押して確定する。キーボード上にある記号は，この方法で入力することができる。

② [スペース]を押す。空白が１つあく。

◆◆◆◆◆◆◆読みで入力

③ [Y][U][U][B][I][N][N]「ゆうびん」と入力する。[スペース]を押すと漢字に変換される。そのままさらに[スペース]を押すと「〒」の記号が表示される。目的の記号が表示されたところで[Enter]を押して確定する。記号の読み方がわかるときは，この方法で行う。

〒	
1	郵便
2	〒
3	🏢 [環境依存]
4	ゆうびん
5	🏣 [環境依存]
6	🏤 [環境依存]
7	〶 [環境依存]
8	ユウビン 》

参考◆……読みを入力することにより表示できる記号は，他にもいろいろある。

読 み	記 号	読 み	記 号
まる	● ○ ◎ ① ② ③	しかく	■ □ ◆ ◇
さんかく	△ ▲ ▽ ▼ ∵ ∴	やじるし	→ ← ↓ ↑ ⇒ ⇔
ほし	★ ☆ ※ ＊	かっこ	〔〕（）〈〉《》
へいせい	㍻	れいわ	㋿
かぶしきがいしゃ	㈱	ゆうげんがいしゃ	㈲

```
―――― ●記号の名称● ――――
－…ハイフン            ［…始め大カッコ        ；…セミコロン
＠…アットマーク        ］…終わり大カッコ      ，…カンマ
：…コロン              ／…スラッシュ          ！…感嘆符
．…ピリオド            ＃…ナンバー記号        ＄…ドル記号
"…ダブルクォート左     ＆…アンパサンド        '…シングルクォート左
"…ダブルクォート右     ｜…縦線               '…シングルクォート右
％…パーセント記号      ＊…アスタリスク        ｛…始め中カッコ
？…疑問符              ＿…アンダースコア      ｝…終わり中カッコ
＾…サーカムフレックス  ￥…円記号             ～…チルダ
```

6 文章の入力

1 文節変換

変換の区切りを「文節」と呼ぶ。候補一覧は文節ごとに表示されるので，複数文節をまとめて変換する場合は，変換対象の文節を移動しながら変換する。

(例8) 次の文字を入力しよう。

> 栄養を摂る。

① 「えいようをとる。」と入力する。

> えいようをとる。|

② [スペース]を押す。文章全体が変換される。

> 栄養を取る。|

③ [→]を押すか，「取る」をクリックして，太い下線を「取る」に移動させる。

> 栄養を取る。|

④ もう一度，[スペース]を押して，候補一覧を表示する。

栄養を<u>とる</u>。|

1	取る	📖
2	とる	
3	撮る	📖
4	執る	📖
5	採る	📖
6	摂る	📖
7	捕る	📖
8	獲る	📖
9	盗る	📖

⑤ [スペース]または[↓][↑]を押して，「摂る」を選択し，[Enter]を押して確定する。

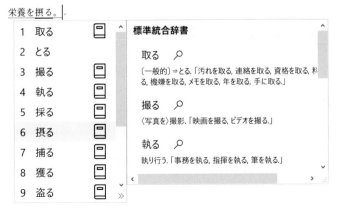

学習機能によって、表示される結果がこの例とは異なる場合がある。

「。」の入力
句点「。」は［>。］を押す。

2章

（例9） 次の文章を入力しよう。

今日歯医者に行く。
今日は医者に行く。

① 「きょうはいしゃにいく。」と入力する。

きょうはいしゃにいく。

② スペース を押す。文章全体が変換される。太い下線の部分が変換対象になっている文節である。

今日は医者に行く。

辞書の環境によって
変換の状態が違って
くる。

③ Shift を押しながら ← を押す。文節の区切りが変わる。

きょうは医者に行く。

現在選択されている
ところは背景が青に
なる。 ← → キー
を使って区切りたい
ところまで選択する。

④ スペース を押す。文章全体が再び変換される。

今日は医者に行く。

⑤ → を押すと次の文節へ移動する。 Shift を押しながら → を2回押す。文節の区切りが変わる。

今日はいしゃに行く。

⑥ スペース を押す。正しく変換されないときには，さらに スペース を押す。文節ごとに正しく変換されるようにする。 → を押すと次の文節へ移動する。

今日歯医者に行く。
1 歯医者
2 敗者
3 廃車
4 配車
5 拝謝
6 背斜
7 排砂
8 はいしゃ
9 ハイシャ　　》

⑦ すべて正しく変換されたときには Enter を押して確定する。

⑧ 次に「今日は医者に行く。」と変換してみよう。改行して文字を入力する。 スペース を押す。文章全体が変換され，さきほどの文字が最初に表示される。

今日歯医者に行く。
きょうはいしゃにいく。 今日歯医者に行く。
今日歯医者に行く。

⑨ 文節の区切りを変えるため Shift を押しながら → を押す。

> 今日歯医者に行く。
> きょうはいしゃに行く。

⑩ スペース を押して，「今日は」を選択し，Enter を押して確定する。

> 今日歯医者に行く。
> 今日は医者に行く。

2 日本語の中の英字の入力

(例10) 次の文章を入力しよう。

> 数学者 Gauss について調べる。

① 「すうがくしゃ」と入力する。

> すうがくしゃ

② Shift を押したまま G A U S S の5つのキーを押し，「GAUSS」を入力する。

> すうがくしゃ GAUSS

③ Shift をはなし，「についてしらべる。」を入力する。

> すうがくしゃ GAUSS についてしらべる。

④ スペース を押す。文章全体が変換される。

> 数学者 GAUSS について調べる。

⑤ → を押して，「GAUSSに」を選択し，スペース を押す。「Gaussに」を選択し，確定する。

数学者 Gauss について調べる。

1	GAUSSに
2	Gaussに
3	ＧＡＵＳＳに
4	ｇａｕｓｓに
5	Ｇａｕｓｓに
6	gaussに
7	ＧＡＵＳＳニ

練習7 「科学者Newtonの業績を調べる。」と入力しよう。

7 入力の訂正

ここでは誤って入力した場合の訂正方法について学習する。

（例11） 次の文章になるよう，誤った入力を訂正してみよう。

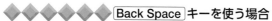

> あなたは知っている。

1 変換前の訂正

◆◆◆◆◆◆◆ Back Space キーを使う場合

① 誤って「あなたははしっている。」と入力したとする。

> あなたははしっている。|

② 「あなたはは」の後ろまでカーソルを移動する。

> あなたはは|しっている。

直前の文字の消去
Back Space
を押す。

③ Back Space を押す。左にカーソルが移動し，1文字削除される。

> あなたは|しっている。

④ スペース を押して変換する。

◆◆◆◆◆◆◆ Delete キーを使う場合

① 誤って「あなたははしっている。」と入力したとする。

② 「あなたは」の後ろまでカーソルを移動する。

> あなたは|はしっている。

直後の文字の消去
Delete を押す。

③ Delete を押す。右にカーソルが移動し，1文字削除される。

> あなたは|しっている。

④ スペース を押して変換する。

2 変換後の訂正（未確定の場合）

① 誤って「あなたははしっている。」と入力し変換したとする。

> あなたは走っている。|

② Esc を2度押す。変換前の状態に戻る。

> あなたははしっている。|

③ Back Space または Delete で不要な文字を削除したあと，再び変換する。

3 変換後の訂正（確定後の場合）

① 誤って「あなたははしっている。」と入力後，変換し確定したとする。

> あなたは走っている。｜

② すべての文字をドラッグし，選択する。

> あなたは走っている。

③ [スペース] を押すと，未確定の状態に戻り，再び変換が可能な状態になる。

	あなたは走っている。　I
1	あなたは
2	貴方は
3	アナタハハシッテイル。
4	あなたははしっている。
5	貴女は
6	彼方は
7	アナタは
8	貴男は

④ [Esc] を３度押す。変換前の状態に戻る。

> あなたははしっている。｜

⑤ [Back Space] または [Delete] で不要な文字を削除したあと，再び変換する。

4 文字の挿入と削除

長文を入力後，まとめて削除したい場合には，不要な文をドラッグして選択する。その状態で [Delete] を押す。

① 誤って「あなたははしっている。」と入力後，変換し確定したとする。

> あなたは走っている。｜

② 「あなたは」のあとにカーソルを移動し，不要な「走」を [Delete] で削除する。

> あなたは｜っている。

③ 「は」と「っ」の間にカーソルを置き，「知」という文字を入力すると文字が挿入される。

練習8 次の文章を入力しよう。

読点「、」の入力
読点「、」は [、ね] を押す。

> 箸を取ってください。
> 裏庭には、二羽鶏がいる。
> 美術館で絵画鑑賞する。
> 貴社の記者は汽車で帰社した。
> 書は精読を貴び、多く貪るを貴ばず。
> 腹八分に病なし、腹十二分に医者たらず。
> 未来を予測する最善の方法は、自らそれを創りだすことである。
> 最高の授業には最高の教師と最高の生徒が必要である。
> 学生時代に大事なのは、何を学んだかではなくて、どうやって学んだかということ。

8 文書の入力

これまでの練習で，入力・変換の操作にもだいぶ慣れてきたと思うので，ここでは少し長い文章の入力をしてみよう。文章の入力では，それが長くても2 ～ 3文節ずつに区切って入力・変換を繰り返すと効率がよい。

「三四郎」 例題1

次の文章を入力しよう。

（ファイル名「三四郎」）

男は例のごとく、にやにや笑っている。そのくせ言葉つきはどこまでもおちついている。どうも見当がつかないから、相手になるのをやめて黙ってしまった。すると男が、こう言った。「熊本より東京は広い。東京より日本は広い。日本より……」でちょっと切ったが、三四郎の顔を見ると耳を傾けている。「日本より頭の中のほうが広いでしょう」と言った。「とらわれちゃだめだ。いくら日本のためを思ったって贔屓の引き倒しになるばかりだ」。

この言葉を聞いた時、三四郎は真実に熊本を出たような心持ちがした。同時に熊本にいた時の自分は非常に卑怯であったと悟った。

その晩三四郎は東京に着いた。髭の男は別れる時まで名前を明かさなかった。三四郎は東京へ着きさえすれば、このくらいの男は到るところにいるものと信じて、べつに姓名を尋ねようともしなかった。（夏目漱石「三四郎」より抜粋）

1 文章の入力

例題1を入力してみよう。2 ～ 3文節ずつに区切って入力することにする。

① [スペース]を1回押して，「おとこはれいのごとく、」と入力する。

> おとこはれいのごとく、
>
> 男は例のごとく、　　　　　　　　　　× ♪
>
> Tab キーで予測候補を選択

② [スペース]を押して漢字に変換する。

> 男は例のごとく、

③ 正しく変換されていれば，[Enter]を押して確定する。[←] [→]で文節を変更して変換し，確定する。（カーソルを移動すると，その文節の下線が太線になり，変換対象となる。）

文節切れ目の変更
[Shift]を押しながら[←] [→]で調整する。

> 男は例のごとく、

④ 続けて「にやにやわらっている。」と入力する。

> 男は例のごとく、にやにやわらっている。

⑤ ②と同様に，[スペース] を押して漢字に変換する。

> 男は例のごとく、にやにや笑っている。

⑥ ③と同様にして確定する。

> 男は例のごとく、にやにや笑っている。

⑦ 以下，続けて最後まで入力する。

　入力した文字が画面の右端まで来ると，自動的に次の行に折り返されるようになっている。そのため，長い文章を入力していくと，文章は自動的に右端で折り返されて，次の行の左端から文字が表示される。

2 文章の途中での改行（強制改行）

　最終行にある（夏目漱石「三四郎」より抜粋）を改行してみよう。

① カーソルを10行10列（夏目漱石「三四郎」より抜粋）の前に移動する。

② [Enter] を押すと，次のように改行される。

> ようともしなかった。
> （夏目漱石「三四郎」より抜粋）

③ 改行を取り消す場合には……カーソルを10行10列の ↵ に合わせ，[Delete] を押すと，改行が取り消され元に戻る。あるいは，カーソルを行のはじめの文字に合わせて，[Back Space] を押す。

参考◆……[Enter] を押して表示される改行の段落記号は，編集画面だけに表示される特別な記号である。そのため印刷を実行しても紙には出力されない。

参考◆……改行で行を送らずに，目的の位置にマウスでカーソルを移動し，ダブルクリックすると自動的に改行の段落記号が挿入され，その位置に文字が入力できるようになる。

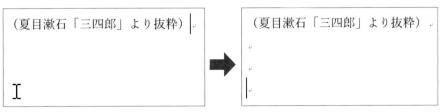

9 文書の保存と読み込み

せっかく苦労して作成した文章も，電源を切ると消えてしまう。そこで必要な文書は必ず保存しておかなければならない。ここでは，ドキュメントへの保存方法を学習しよう。

1 文書の保存

① [ファイル]をクリックする。

② 左端に表示されるメニューから[名前を付けて保存]をクリックすると「名前を付けて保存画面」が表示されるので，[このPC]- ドキュメント をクリックする。

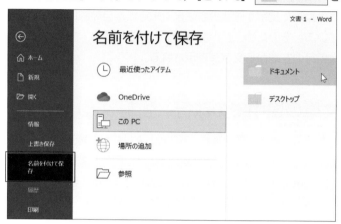

③ [名前をつけて保存]ダイアログボックスが表示されるので，保存場所がドキュメントになっていることを確認する。

④ [ファイル名(N)]のボックスに仮のファイル名が表示されるので，新たに「三四郎」と入力する。さらに 保存(S) をクリックすると，文書が保存される。

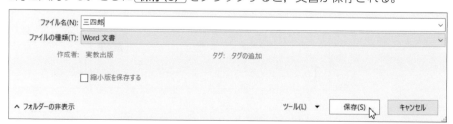

参考◆上書き保存……名前を付けて保存した文書を再び編集した場合には，[ファイル]-[上書き保存]とクリックすれば，編集後の状態で保存される。

2 文書の読み込み

　一度作成した文書を再び編集したい場合に，その文書が保存されていればいつでも画面に読み込んで再編集することができる。ここでは，Wordを一旦終了させてから，ファイル名「三四郎」を呼び出してみよう。

① Wordを終了する。

② Wordをもう一度起動する。

③ 画面左側の 📂(**開く**)をクリックすると，「開く」画面が表示されるので，📂 参照 をクリックする。

　「最近使ったファイル」の中に開きたいファイルがあるときは，それを直接選んでもよい。

④ [**ファイルを開く**]ダイアログボックスが表示されるので，保存場所であるドキュメントの内容が表示されていることを確認し，読み込みたい文書のファイル名(この場合は「三四郎」)をクリックし，さらに 開く(O) をクリックすると指定した文書が呼び出される。

ファイル名をダブルクリックしてもファイルが開かれる。

　参考◆ほかの場所からの読み込み……各種ディスクなど他の保存場所から文書を呼び出す場合には，[PC]をクリックしてから呼び出す機器を選び，文書名を表示させて文書を呼び出す。

10 文書の印刷

例題1で入力した文書「三四郎」を用紙に印刷してみよう。

1 用紙の設定

ここでは，A4判の用紙に印刷することにする。なお，用紙設定を文書作成後に変更すると，印刷がイメージと異なることがあるので，用紙設定後にイメージ通りに編集してから印刷するとよい。

① 保存してある「三四郎」を開き，画面に表示する。

② **[レイアウト]-[ページ設定]**ダイアログボックス起動ツールをクリックする。

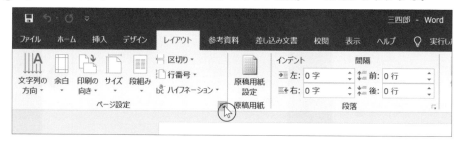

ダイアログボックス起動ツールとは ↘ のこと。

③ **[ページ設定]**ダイアログボックスが表示されるので，**[用紙]**タブをクリックし，**[用紙サイズ(R)]**が「A4」となっていることを確認する。

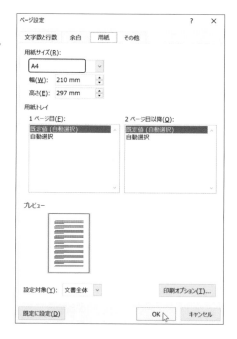

④ OK をクリックすると用紙が「A4」判に設定され，文章入力画面に戻る。

参考◆その他の用紙サイズでの印刷……
[用紙サイズ(R)]ボックスの ∨ をクリックし，ドロップダウンリストの中から希望する用紙サイズを選択すればよい。

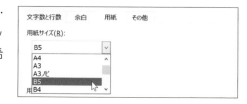

2 余白の設定

用紙の上下左右にある，文字などが印刷できない（させない）部分を余白という。

① [レイアウト]-[ページ設定]ダイアログボックス起動ツールをクリックする。

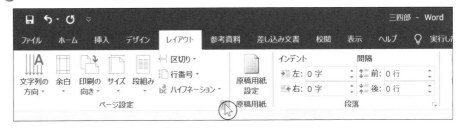

② [ページ設定]ダイアログボックスが表示されるので，[余白] をクリックすると
余白を設定する画面となる。

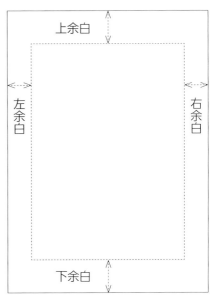

③ [上(T)]のボックスをクリックして「30 mm」と入力する。
④ [下(B)]のボックスをクリックして「40 mm」と入力する。
⑤ [左(L)]のボックスをクリックして「40 mm」と入力する。
⑥ [右(R)]のボックスをクリックして「40 mm」と入力する。

⑦ [OK]をクリックすると余白が設定され，入力画面に戻る。

3 印刷プレビュー

作成した文書を印刷する前に，その印刷イメージを画面に表示して確認することができる。このことを，**印刷プレビュー**という。設定した用紙サイズや余白に近い形で表示されるので，細部の調整をするのに便利である。

① ［**ファイル**］-［**印刷**］をクリックすると，次のような印刷時のレイアウトが表示され，全体のイメージが確認できる。

② 印刷プレビューは小さく表示されるので，右下のルーラーをドラッグし，右にスライドすると，印刷プレビュー画面の大きさを変更することができる。

③ 100％に変更すると，印刷レイアウトに近いサイズで表示される。

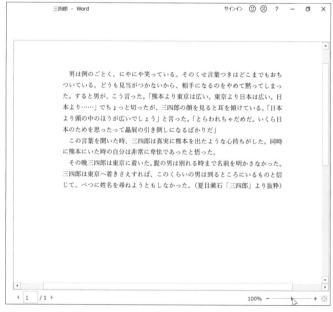

④ ⬅ をクリックすると，入力編集画面に戻る。

4　印刷の実行

では，実際に印刷をしてみよう。

① ［ファイル］-［印刷］をクリックすると印刷画面が表示される。

② 🖶 をクリックすると印刷が開始される。

練習9　余白等の印刷スタイルを変更して，印刷してみよう。

参考◆ページ番号の設定……各ページに通し番号をつける場合には，ページ番号を挿入する。挿入した番号は，文書の上部(ヘッダー)または下部(フッター)に表示することができる。ここでは，文書下部に番号を設定してみる。

① ページ番号を表示したい文書を呼び出す。(ここでは「三四郎」として説明する)

② ［挿入］-［ページ番号］-［ページの下部(B)］とクリックすると，ページ番号のドロップダウンリストが表示されるので，「シンプル」の[番号のみ2]をクリックする。

③ ページ下部のフッター内中央にページ番号が表示される。

④ 表示されたリボンの中にある［ ❌ **ヘッダーとフッターを閉じる**］をクリックすると，入力編集画面に戻る。

参考◆ページ番号の削除

① [挿入]-[ページ番号]-[ページ番号の削除(R)]をクリックすると、ページ番号が削除される。

参考◆ページ番号の編集

① [ページ番号]-[ページ番号の書式設定(F)]-をクリックする。

② [ページ番号の書式]ダイアログボックスが表示される。ここで番号書式や開始番号を変更することにより、ページ番号の書式編集や開始番号の設定が可能である。

参考◆ページ番号の編集2……先頭ページにページ番号が必要ない場合には、[挿入] [フッター]-[フッターの編集(E)]とクリックし、[デザイン]の中の「先頭ページのみ別指定」にチェックを入れる。その後で、上記②の[ページ番号の書式]ダイアログボックスを呼び出し、開始番号を「0」にすればよい。

11 特殊な入力方法

ここでは，通常の変換では呼び出せない文字や記号を入力する方法について学習しよう。

クイズ選手権予選問題 **例題2**

次のようなクイズの問題を入力しよう。

（ファイル名：「クイズ選手権予選問題」）

♡◇クイズ選手権予選問題♧♧

【1】 「火事場の馬鹿力」といいますが、人間は普段の何倍ぐらいの力がでますか。
（　　）に〇をつけてください。
（　　）2～3倍くらい
（　　）5～6倍くらい
（　　）10倍くらい

【2】 $\frac{1}{2} \div \frac{1}{3}$ を計算しなさい。

【3】 福井県の南越前町にあった杣山城は誰の居城でしたか。人物に〇をつけてください。
藤原惺窩　　　釈迢空　　　瓜生衡　　　平田篤胤

1 記号の入力 (2)

ここでは，文中の「♡」のマークを入力してみよう。

記号と特殊文字
Ω

① [挿入]タブの Ω (記号と特殊文字)をクリックする。

π 数式 ▾
Ω 記号と特殊文字 ▾

記号と特殊文字

② 記号の一覧が表示されるので，[その他の記号(M)]をクリックする。

③ 次のように[記号と特殊文字]ダイアログボックスが表示される。

使う環境によって表示項目が異なる。

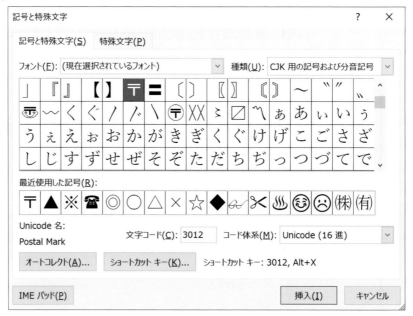

④ ハートの記号 ♡ を選び，クリックすると， ♡ と反転表示される。

見つからない場合は[文字コード（C）]に2661 を入力する。

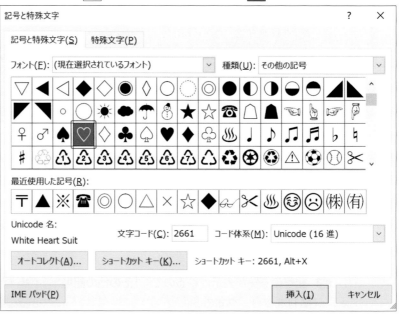

⑤ [挿入(I)]をクリックすると，文書中にハートの「♡」が表示される。

⑥ [閉じる]をクリックして，文書画面に戻る。

練習10 次の記号を入力しよう。

文字コード	3020	2702	2668	260E	2603	2660	3004

2 数式

ここでは，文中の数式を入力してみよう。

数式

$\boxed{\pi}$

① [挿入]の π (**数式**)をクリックする。

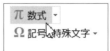

② [**数式ツール**]-[**デザイン**]タブが表示され，本文中には「ここに数式を入力します。」が表示される。

プレースホルダー
正式な値が入るまで
一時的に場所を確保
しておく措置のこと。

③ [**数式ツール**]-[**デザイン**]を選択し，クリックする。プレースホルダーの一覧が表示されるので，[**分数(縦)**]をクリックする。

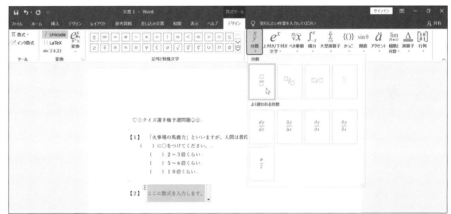

④ 「ここに数式を入力します。」の部分に，分数の記号が表示されるので，点線の中をクリックして，半角数字の1と2を入力し，カーソルを一番右側に移動する。

⑤ [**記号と特殊文字**]から「÷」を入力して，同じように分数を追加する。

⑥ 数式入力の枠の外側をクリックして，スペースを入力する。

$$\frac{1}{2} \div \frac{1}{3}$$

⑦ 続けて，「を計算しなさい。」を入力する。

$$\frac{1}{2} \div \frac{1}{3}$$ を計算しなさい。

参考◆……数式入力枠の右側の▼をクリックして，表示形式を変更することができる。

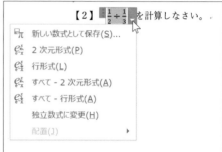

現在表示されている形式は　2次元形式であるが，**[行形式(L)]**を選択すると，次のような表示になる。

$$1/2 \div 1/3$$ を計算しなさい。

[独立数式に変更(H)]を選択すると，数式と文字が分離し，数式の配置を変更することができる。

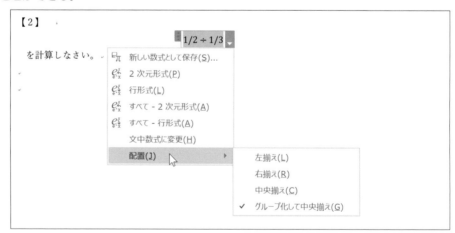

参考◆……**[挿入]**の π (**数式**)の▼をクリックすると，組み込まれた公式の一覧が表示される。

練習11　**次の数式を入力しよう。**

$$\sqrt{2} + \sqrt{3} \qquad e^{\pi i} + 1 = 0$$

3 手書き入力

「読み」のわからない漢字を「総画数」や「部首」から探すことは，面倒に感じることが多い。このようなときには**IMEパッド**を使うとよい。ここでは，文中の「杣」を入力してみよう。

1️⃣ 言語バーのボタンを右クリックして，[IMEパッド(P)]をクリックする。

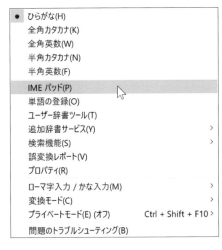

2️⃣ [IMEパッド - 手書き]ダイアログボックスが表示される。手書きパッドに何かの文字が描いてあるときは[消去]をクリックして文字を消す。

> IME パッドが〔手書き〕でない場合は ✍ をクリックする。

3️⃣ 「ここにマウスで文字を描いてください。」と表示された部分で，マウスをドラッグしながら，入力する文字「杣」を描く。うまく描けなかったときは，戻すをクリックすると最後に描いた線が消去される。

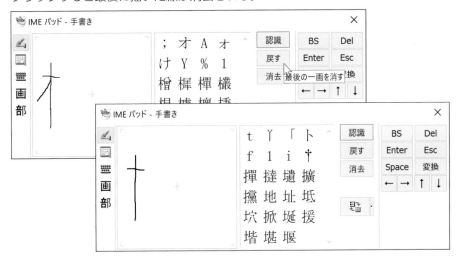

11 特殊な入力方法 53

④ 右側の候補の中に「杣」が表示されたら，文字をクリックする。文書中に「杣」が表示される。

⑤ タイトルバーの ☒ (閉じる)をクリックして，文書画面に戻る。

練習12 次の文字を入力しよう。

┌───┐
│ 迢　　　个　　　卞　　　倪   │
└───┘

参考◆……「総画数」や「部首」から漢字を入力するためには，IMEパッドダイアログボックス左端の 画 ([総画数]ボタン)や 部 ([部首]ボタン)をクリックする。それぞれ次のような画面が表示される。

＜総画数＞

＜部首＞

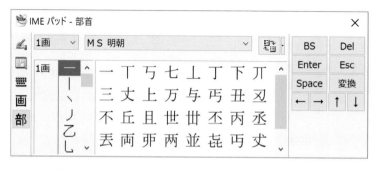

また，🖳 ([文字一覧]ボタン)をクリックするとアラビア語やタイ語など，アルファベット以外の言語の文字を入力することができる。

4　住所の入力

郵便番号を入力して住所に変換することができる。

(例12)　郵便番号を入力して，下の住所を表示させよう。

> 東京都墨田区押上

1. 「131－0045」と入力し，スペースを2回押すと変換候補一覧が表示されるので，住所を選択する。

> 東京都墨田区押上
>
> | 1 | 1 3 1 － 0 0 4 5 |
> | 2 | 東京都墨田区押上 |
> | 3 | 131-0045 |

2. Enterを押して，確定する。

練習13　**自分の住所を郵便番号から入力しよう。**

5　顔文字

(例13)　次の顔文字を入力しよう。

> (@_@)

1. 「びっくり」と入力し，スペースを2度押すと変換候補群を表示されるので，3を選択する。

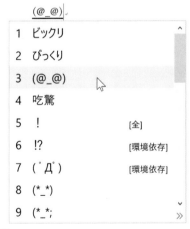

> (@_@)
>
> | 1 | ビックリ | |
> | 2 | びっくり | |
> | 3 | (@_@) | |
> | 4 | 吃驚 | |
> | 5 | ！ | [全] |
> | 6 | !? | [環境依存] |
> | 7 | (˚Д˚) | [環境依存] |
> | 8 | (*_*) | |
> | 9 | (*_*; | |

2. Enterを押して確定する。

練習14　**次の顔文字を入力しよう。**

> (*^_^*)　［かお］　　　(^_-)　［ういんく］　　　(^_^)/~　［ばいばい］

12 単語登録

　IMEでは通常の変換では漢字にならない特別な医学用語や，長い会社名や学校名，難しい読みの名前などに「読みがな」をつけて単語を登録することができる。登録した単語は辞書に登録されて，登録した読みを入力すると変換されるので，日本語入力がより便利になる。ここでは，例題2の「釈迢空」を単語登録してみよう。

① ファイル名「クイズ選手権予選問題」を呼び出す。

② 「釈」から「空」までをドラッグして，範囲を指定する。

【3】　福井県の南越前町にあった杣山城は誰の居城でしたか。人物に○をつけてください。↵
　　　　藤原惺窩　　　　釈迢空　　　　瓜生衡　　　　平田篤胤↵

③ 言語バーのボタン **あ** を右クリックして，[**単語の登録(O)**]をクリックする。

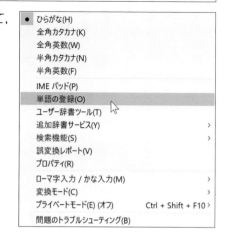

④ [**単語の登録**]ダイアログボックスが表示されるので，[**よみ(R)**]に読みがな「しゃくちょうくう」を入力し，品詞を[**人名(E)**]，[**名のみ(F)**]を選択し，登録(A)をクリックする。

⑤ 閉じる をクリックする。

練習15　自分の姓名を単語登録しよう。

実習　1　次の人名を入力しなさい。

リオネル・メッシ　ネイマール　クリスティアノ・ロナルド
グリーズマン　アリエン・ロッベン　レバンドフスキ　スアレス
ジョージ・クルーニー　キアヌ・リーブス　デンゼル・ワシントン
トム・クルーズ　ハリソン・フォード　ダニエル・クレイグ
レオナルド・ディカプリオ　ブラッド・ピット　クリス・パイン
ジョニー・デップ　トム・ハンクス　ジェイソン・ステイサム
ジェラルド・バトラー　ブルース・ウィルス　アンジェリーナ・ジョリー
シャーリーズ・セロン　レベッカ・ファーガソン　ニコール・キッドマン
スカーレット・ヨハンセン　ジェニファー・ローレンス　エマ・ワトソン

実習　2　次の顔文字を入力しなさい。

＼(˘o˘)／　［ばんざい］　＿(._.)＿　［ごめん］　(=^・^=)　［ねこ］

実習　3　次の英文を入力しなさい。

Don't think, feel.
Knowledge is power.
Learn from yesterday, live for today, hope for tomorrow.
There is no royal road to learning.
Don't put off till tomorrow what you can do today.
Strike the iron while it is hot.
Two heads are better than one.

実習　4　次の文を入力しなさい。

考えるな、感じろ。（映画『燃えよドラゴン』より）
昨日から学び、今日を生き、明日へ期待しよう。（アインシュタイン）
われ思う、故にわれあり。（デカルト）
チャンスは準備しているものしか生かせない。（ニュートン）
学べば学ぶほど、自分が何も知らなかった事に気づく、気づけば気づくほどまた学
びたくなる。（アインシュタイン）
人は教えることによって、もっともよく学ぶ。（セネカ）
教えるとは　希望を語ること　学ぶとは　誠実を胸に刻むこと。（アラゴン）

実習　5　次の漢詩と文を入力しなさい。

偶成（ぐうせい）　　　朱熹（しゅき）（朱子）（1130 -1200）
少年易老学難成　　　少年老い易く学成り難し
一寸光陰不可軽　　　一寸の光陰（こういん）軽んずべからず
未覚池塘春草夢　　　未だ覚めず池塘（ちとう）春草の夢
階前梧葉已秋声　　　階前（かいぜん）の梧葉（ごよう）已（すでに）秋声

実習 6
次の文章を入力し、保存・印刷しなさい。
（書式設定：A4・縦置き・ファイル名「吾輩は猫である」）

　吾輩は猫である。名前はまだ無い。

　どこで生れたかとんと見当がつかぬ。何でも薄暗いじめじめした所でニャーニャー泣いていたことだけは記憶している。吾輩はここで始めて人間というものを見た。しかもあとで聞くとそれは書生という人間中で一番獰悪（どうあく）な種族であったそうだ。この書生というのは時々我々を捕えて煮て食うという話である。しかしその当時は何という考えもなかったから別段恐しいとも思わなかった。

（夏目漱石「吾輩は猫である」より）

実習 7
次の文章を入力し、保存・印刷しなさい。
（書式設定：A4・縦置き・ファイル名「坊ちゃん」）

　親ゆずりの無鉄砲で小供の時から損ばかりしている。小学校にいる時分学校の二階から飛び降りて一週間ほど腰を抜かしたことある。なぜそんな無闇をしたと聞く人があるかも知れぬ。別段深い理由でもない。新築の二階から首を出していたら、同級生の一人が冗談に、いくら威張っても、そこから飛び降りる事は出来まい。弱虫やーい。と囃したからである。

（夏目漱石「坊ちゃん」より）

実習 8
次の文章を入力し、保存・印刷しなさい。
（書式設定：A4・縦置き・ファイル名「こころ」）。

　私はその人を常に先生と呼んでいた。だからここでもただ先生と書くだけで本名は打ち明けない。これは世間を憚（はばか）る遠慮というよりも、その方が私にとって自然だからである。私はその人の記憶を呼び起すごとに、すぐ「先生」といいたくなる。筆を執っても心持ちは同じことである。よそよそしい頭文字などはとても使う気にならない。

（夏目漱石「こころ」より）

実習 9
次の文章を入力し、保存・印刷しなさい。
（書式設定：A4・縦置き・ファイル名「草枕」）

　山路を登りながら、こう考えた。

　智に働けば角が立つ。情に掉（さお）させば流される。意地を通せば窮屈だ。とかくに人の世は住みにくい。

　住みにくさが高じると、安いところへ引き越したくなる。どこへ越しても住みにくいと悟ったとき、詩が生れて、画（え）ができる。

（夏目漱石「草枕」より）

実習 10 次の文章を入力し、保存・印刷しなさい。
（書式設定：A4・縦置き・ファイル名「富岳百景」）

　富士の頂角、広重の富士は八十五度、文晁（ぶんちょう）の富士も八十四度くらい、けれども、陸軍の実測図によって東西及南北に断面図を作ってみると、東西縦断は頂角、百二十四度となり、南北は百十七度である。広重、文晁に限らず、たいていの絵の富士は、鋭角である。いただきが、細く、高く、華奢（きゃしゃ）である。北斎にいたっては、その頂角、ほとんど三十度くらい、エッフェル鉄塔のような富士をさえ描いている。けれども、実際の富士は、鈍角も鈍角、のろくさと拡がり、東西、百二十四度、南北は百十七度、決して、秀抜の、すらと高い山ではない。たとえば私が、印度（いんど）かどこかの国から、突然、鷲（わし）にさらわれ、すとんと日本の沼津あたりの海岸に落されて、ふと、この山を見つけても、そんなに驚嘆しないだろう。ニッポンのフジヤマを、あらかじめ憧（あこが）れているからこそ、ワンダフルなのであって、そうでなくて、そのような俗な宣伝を、一さい知らず、素朴な、純粋の、うつろな心に、果して、どれだけ訴え得るか、そのことになると、多少、心細い山である。低い。裾のひろがっている割に、低い。あれくらいの裾を持っている山ならば、少くとも、もう一・五倍、高くなければいけない。

（太宰　治「富岳百景」より）

実習 11 次の文章を入力し、保存・印刷しなさい。
（書式設定：A4・縦置き・ファイル名「羅生門」）

　ある日の暮れ方のことである。一人の下人が、羅生門の下で雨やみを待っていた。
　広い門の下には、この男のほかに誰もいない。ただ、所々丹塗（にぬ）りの剥（は）げた、大きな円柱に、蟋蟀（きりぎりす）が一匹とまっている。羅生門が、朱雀大路（すざくおおじ）にある以上は、この男のほかにも、雨やみをする市女笠（いちめがさ）や揉烏帽子（もみえぼし）が、もう二、三人はありそうなものである。それが、この男のほかにはだれもいない。
　何故かと言うと、この二、三年、京都には、地震とか辻風（つじかぜ）とか火事とか饑饉とかいう災いが続いて起った。そこで洛中のさびれ方は一通りではない。旧記によると、仏像や仏具を打ち砕いて、その丹がついたり、金銀の箔がついたりした木を、道ばたに積み重ねて、薪（たきぎ）の料（しろ）に売っていたということである。洛中がその始末であるから、羅生門の修理などは、もとよりだれも捨てて顧る者がなかった。するとその荒れ果てたのをよいことにして、狐狸（こり）がすむ。盗人がすむ。とうとうしまいには、引き取り手のない死人を、この門へ持ってきて、捨てて行くという習慣さえできた。そこで、日の目が見えなくなると、だれでも気味を悪がって、この門の近所へは足踏みをしないことになってしまったのである。

（芥川龍之介「羅生門」より）

3章 Wordの基礎

1 複写・削除・移動

　これまで文章の入力を学習してきたので，ここでは，複写・削除・移動の機能を学習しよう。これらの機能を利用すると，入力や編集の作業が簡単になる。

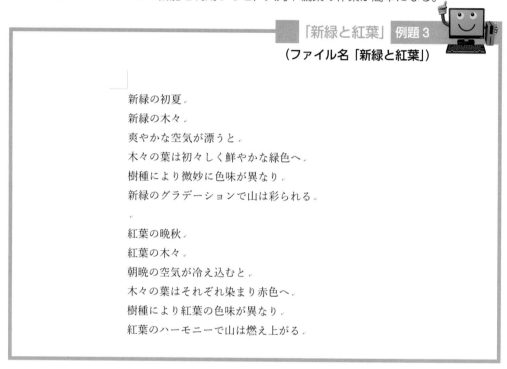

「新緑と紅葉」 例題3
（ファイル名「新緑と紅葉」）

> 新緑の初夏
> 新緑の木々
> 爽やかな空気が漂うと
> 木々の葉は初々しく鮮やかな緑色へ
> 樹種により微妙に色味が異なり
> 新緑のグラデーションで山は彩られる
>
> 紅葉の晩秋
> 紅葉の木々
> 朝晩の空気が冷え込むと
> 木々の葉はそれぞれ染まり赤色へ
> 樹種により紅葉の色味が異なり
> 紅葉のハーモニーで山は燃え上がる

1 複写

　入力した文章の一部を，別の場所にコピーする機能を複写という。

◆◆◆◆◆◆◆◆ 文字の複写（コピー＋貼り付け）

　1行目を入力し，コピー機能を使って複写してみよう。

① 1行目1列から「新緑の初夏」と入力し，「新」にカーソルを合わせ「夏」までドラッグし，複写範囲を指定する。

新緑の初夏

コピー

② [ホーム]-（コピー）をクリックする。

貼り付け

元に戻す

③ 画面の空白部分をクリックし，範囲指定を解除する。その後，改行のため「夏」のうしろにカーソルを移動し，もう一度[Enter]を押し，カーソルを２行目１列に合わせる。**[ホーム]-**（**貼り付け**）をクリックすると，指定された文字列が複写される（操作を間違えた場合には，（**元に戻す**）をクリックすると，１つ前の状態に戻ることができる）。

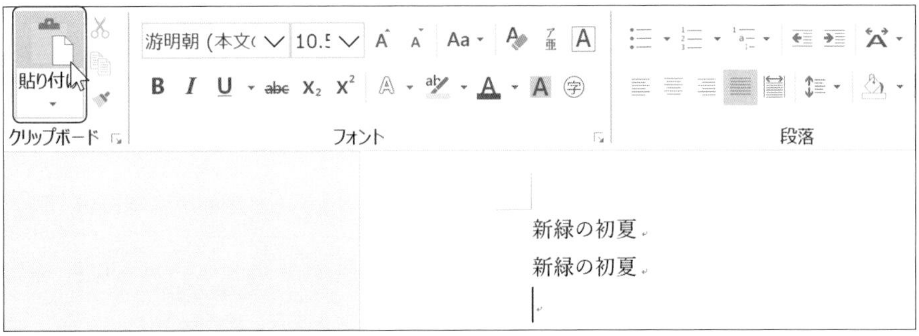

貼り付けを実行すると，右下に(Ctrl)▾**[貼り付けオプション]** スマートタグが表示されるが，ここではそのまま処理を続ける。

④ ２行目に複写された文章から，「初夏」を消し「木々」と入力する。

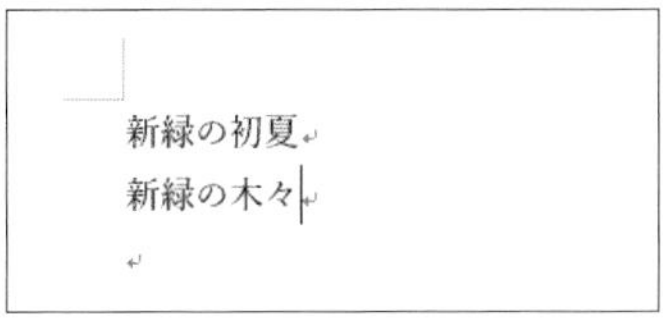

⑤ 以下６行目までを入力する。

行の複写（コピー＋貼り付け）

行単位で範囲を指定して，複写してみよう。ここでは，１行目から６行目までの部分を８行目以降に複写してみよう。

① まず７行目に[Enter]で空白行を挿入し，カーソルを８行目に移動させる。

② マウスポインターを１行目の編集画面左端の行属性部分に合わせると，マウスポインターがに変わる。

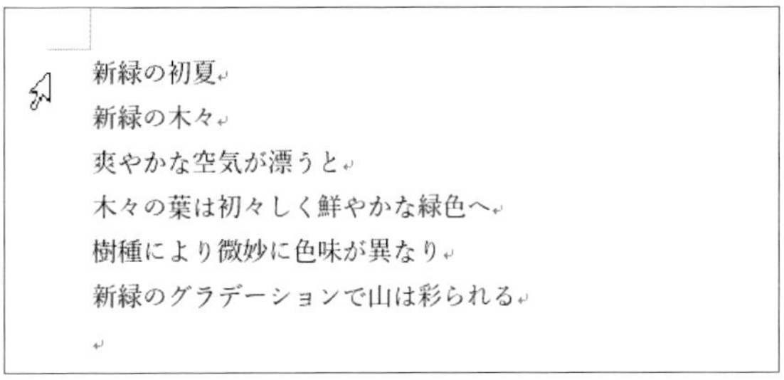

行属性

編集画面の左部分にマウスポインターを合わせると，マウスポインターがの形になり，行単位の指定ができる。

③ １行目から６行目までの行属性上を下向きにドラッグし，コピーしたい部分を範囲指定し，**[ホーム]-**（**コピー**）をクリックする。

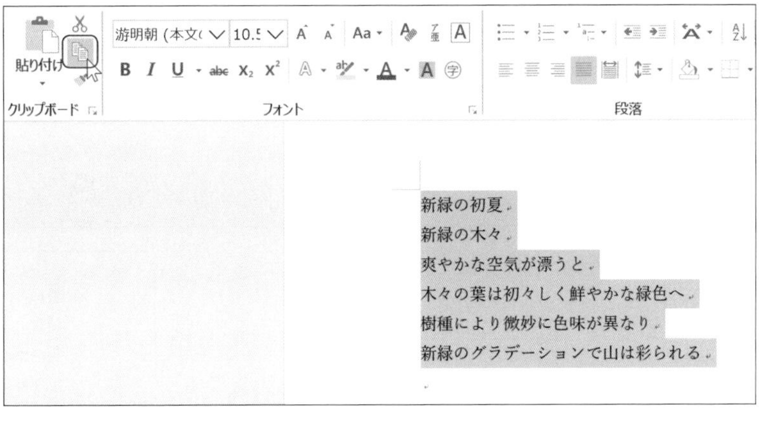

3章

④ 8行1列をクリックし，カーソルを移動させてから，[**ホーム**]-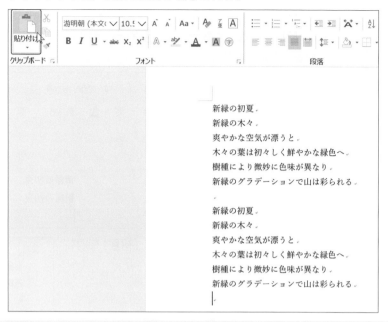(**貼り付け**)を
クリックすると，指定した行が複写される。

新緑の初夏↓
新緑の木々↓
爽やかな空気が漂うと↓
木々の葉は初々しく鮮やかな緑色へ↓
樹種により微妙に色味が異なり↓
新緑のグラデーションで山は彩られる↓
↓
新緑の初夏↓
新緑の木々↓
爽やかな空気が漂うと↓
木々の葉は初々しく鮮やかな緑色へ↓
樹種により微妙に色味が異なり↓
新緑のグラデーションで山は彩られる↓
↓

2 削除

ここでは，行の複写で練習した8行目から13行目の文字や文章を削除してみよう。
文字列の削除には，Back Space，Deleteの他にも次のような方法がある。

◆◆◆◆◆◆ 文字の削除（切り取り）

8行目の特定の文字列を削除してみよう。

切り取り

① 8行目の「初夏」をドラッグし，削除範囲を指定した後，[**ホーム**]-(**切り取り**)
をクリックする。

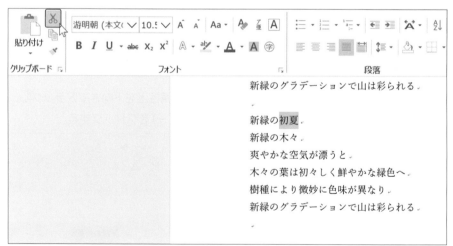

新緑のグラデーションで山は彩られる↓

新緑の初夏↓
新緑の木々↓
爽やかな空気が漂うと↓
木々の葉は初々しく鮮やかな緑色へ↓
樹種により微妙に色味が異なり↓
新緑のグラデーションで山は彩られる↓

② 「初夏」が削除される。

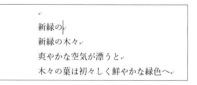

↓
新緑の↓
新緑の木々↓
爽やかな空気が漂うと↓
木々の葉は初々しく鮮やかな緑色へ↓

◆◆◆◆◆◆◆行の削除（切り取り）

① カーソルを10行目の編集画面左端の行属性に移動する。

② 11行目までを下向きにドラッグし，削除する行を範囲指定した後で，[**ホーム**]-✂ (切り取り)をクリックする。

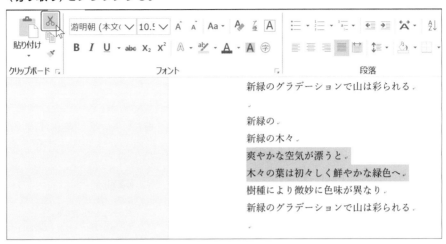

③ 指定した行が削除される。

新緑の
新緑の木々
樹種により微妙に色味が異なり
新緑のグラデーションで山は彩られる

3
章

練習16 例題3の文章を完成させ，ファイル名「新緑と紅葉」で保存し印刷しなさい。

参考◆文字や行を削除……ドラッグした後で Delete を押しても削除される。または，ドラッグした後で範囲内で右クリックし，ショートカットメニューを表示し，[**切り取り(T)**]を選択してもよい。

参考◆ショートカットメニュー

① 複写する範囲を指定した後，範囲内で右クリックし，メニューを表示させ[**コピー(C)**]を選択する。

② 複写先にカーソルを移動し，右クリックでメニューを表示してから[**貼り付けオプション**]の[**元の書式を保持(K)**]を選択する。

元の書式を保持

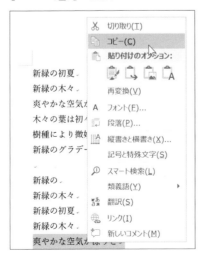

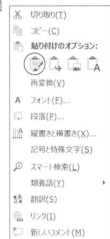

3 移動

切り取り・貼り付けを利用すると，入力した文字列を移動させることができる。

文字列の移動（切り取り＋貼り付け）

複写と移動
〈複写〉
コピー
↓
貼り付け
〈移動〉
切り取り
↓
貼り付け

例題3のファイル名「新緑と紅葉」を呼び出し，1行目の「新緑の」という文字列を4行目「木々の葉は……」の前に移動する。

① 1行目の「新緑の」をドラッグし，移動範囲の文字を指定し，[ホーム]-（切り取り）をクリックする。

② 指定した文字列が画面から消える。

③ 4行目1列にカーソルを置き，[ホーム]-（貼り付け）をクリックすると，指定した文字列が移動する。

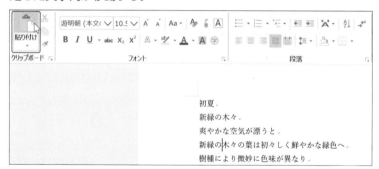

行の移動（切り取り＋貼り付け）

文字列と同様に，行単位で範囲を指定し移動してみよう。

① マウスポインターを編集画面の行属性に合わせる。3行目から6行目までをドラッグし，移動範囲を指定した後で，[ホーム]-（切り取り）をクリックする。

② 指定した範囲が画面から消える。

③ 2行目1列にカーソルを置き、(貼り付け)をクリックすると指定された範囲が移動する。

参考◆ドラッグによる移動

① 移動やコピーしたい範囲をドラッグし，範囲指定する。

② 範囲指定した文字が反転しているところでマウスを左クリックし，そのまま移動したい場所まで□の形になったマウスポインターをドラッグする。

③ マウスの左ボタンから指を離すと，文字列が移動する。

参考◆ドラッグによるコピー

① コピーしたい範囲をドラッグし，範囲指定する。

② 範囲指定した文字のところでマウスを左クリックし，[Ctrl]を押しながら，そのまま移動したい場所まで□の形になったマウスポインターをドラッグする。

③ マウスの左ボタンから指を離すと，文字列がコピーされる。

2 編集機能（1）

ここでは通信文書を例として，行単位で編集する方法を学習する。

「遠足のお知らせ」 例題4

1行30字・1ページの行数30行に書式を設定して，次のような遠足の
お知らせを作成しよう。　　　　　　　　　　　　　（ファイル名「遠足」）

令和○年5月7日

東部地区子供会の皆様へ

東部地区子供会

会長　秋山　穂高

遠足のお知らせ

記

1．日　　時　　令和○年6月2日（日）
2．集　　合　　東地区公民館
3．目的地　　ひたち海浜公園
4．費　　用　　おとな¥3,500　こども¥2,000

以　上

※例題4では，通信文書の見栄えを良くするために，巻末資料2（P.182）に示した様式に従って体裁を整え
ている。

---

1 書式設定

用紙の大きさや1行の文字数，1ページの行数を決めることを**書式設定**という。例題
4では，1行30文字，1ページ30行の指定になっているので，入力前にこの設定を行う。

① ［ファイル］-［新規画面］-［白紙の文
書］をクリックすると，白紙の文書が
表示される。

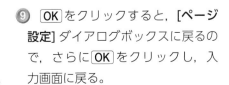
② 新しい白紙の文書が表示されたら，[レイアウト]-[ページ設定]ダイアログボックス起動ツールをクリックする。

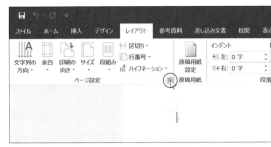

③ [ページ設定]ダイアログボックスが表示されるので，文字数と行数の指定にある，[文字数と行数を指定する(H)]をクリックし，チェックをする。

④ [文字数(E)]のボックスをクリックして，「30」と入力する。

⑤ [行数(R)]のボックスをクリックして，④と同様に「30」と入力する。

⑥ 次に[フォントの設定(F)]をクリックする。

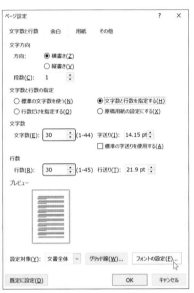

⑦ [フォント]ダイアログボックスが表示されるので，[英数字用のフォント(F)]右端の∨をクリックし，「(日本語用と同じフォント)」に変更する。

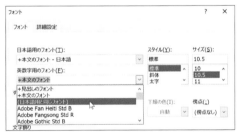

⑧ [詳細設定]をクリックし，[カーニングを行う(K)]のチェックボックスをクリックし，チェックをはずす。

⑨ OK をクリックすると，[ページ設定]ダイアログボックスに戻るので，さらに OK をクリックし，入力画面に戻る。

⑩ 次に[段落]ダイアログボックス起動ツールをクリックし，[段落]ダイアログボックスを開く。

⑪ [体裁]をクリックし，[禁則処理を行う(U)][句読点のぶら下げを行う(N)][日本語と英字の間隔を自動調整する(E)][日本語と数字の間隔を自動調整する(S)]のチェックボックスをクリックしチェックをはずし，次に[オプション(O)]をクリックする。

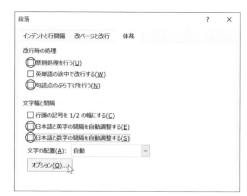

⑫ [Wordのオプション]ダイアログボックスが表示されるので，[カーニング]の[半角英字のみ(L)]をチェックするとともに，[文字間隔の調整]の[間隔を詰めない(D)]をチェックする。

⑬ [OK]をクリックすると，[段落]ダイアログボックスに戻るので，さらに[OK]をクリックし入力画面に戻る。

参考◆設定の保存……1行の文字数や1ページの行数などの設定は，Wordを終了させると初期設定状態に戻ってしまう。つねに設定を有効にするためには，各種設定をした後で，❸[ページ設定]ダイアログボックスにおいて，[既定に設定(D)]をクリックすればよい。

練習17　英数字を入力して，文字間隔が詰まらないことを確認しなさい。

2 右揃え

例題4では「令和○年5月7日」が行の右端に配置されている。

文書においては，日付や発信者名などの文字を右端に配置することがある。文字を右端に配置することを**右揃え**という。ここでは，日付を右揃えにしてみよう。

① 1行目の「令和○年5月7日」を入力する。

右揃え

② [ホーム]-≡(右揃え)をクリックすると「令和○年5月7日」が右端に移動する。

≡（左揃え）をクリックしても，右揃えを解除できる。

③ 右揃えが終了したら，[Enter]でカーソルを次の行に移動し，もう一度[ホーム]-≡(右揃え)をクリックして右揃えを解除する。

④ 2行目は[Enter]で空白行を挿入する。

⑤ 3行目先頭に1文字分の空白を入れ，「東部地区子供会の皆様へ」を入力する。さらに4行目は[Enter]で空白行を挿入する。

⑥ 5行目の「東部地区子供会」を入力してから，[ホーム]-≡(右揃え)をクリックし右揃えにする。さらに，「会」の後ろに4文字の空白を挿入するので，カーソルが文字列の右端にある状態で，[Space]を4回押し，空白を挿入する（必ず右揃え後にスペースを入れる）。

先にスペースを入力して右揃えすると，1行目の「日」と「会」が縦位置で揃ってしまう。

⑦ [Enter]を押して6行目に移動してから，「会長　秋山　穂高」を入れてから体裁を整える。

⑧ [Enter]を押して7行目に移動し，もう一度[ホーム]-≡(右揃え)をクリックして右揃えを解除する。

⑨ 7行目に[Enter]で空白行を挿入する。

3 中央揃え（センタリング）

例題4のタイトル「遠足のお知らせ」のように，文字を行の中心に配置することを**中央揃え**という。中央揃えは，タイトルなどの配置に最適な機能である。ここでは，「遠足のお知らせ」を中央揃えにしてみよう。

① 8行目に「遠足のお知らせ」を入力する。

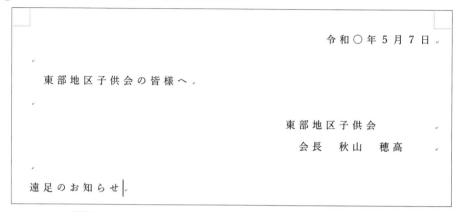

中央揃え

② ［ホーム］-≡（中央揃え）をクリックするとタイトルが行の中央に配置される。

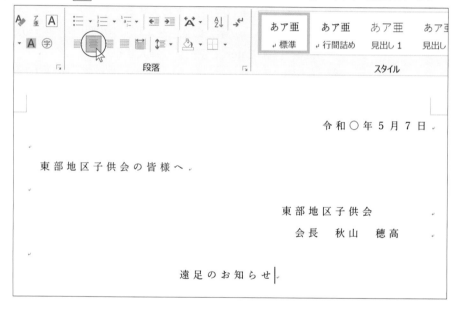

③ Enter でカーソルを次の行に移動し，もう一度［ホーム］-≡（中央揃え）をクリックして中央揃えを解除してから，9行目（「記」の上）まで入力する。

参考◆段落配置の設定……右揃えで入力する場合は，入力行の右端あたりにマウスポインターを移動させ，マウスポインターが `≡I` に変化する場所でダブルクリックすると，右揃えの段落配置が設定されカーソルが右端に移動する。同様に，中央揃えの場合も行の中央あたりでマウスポインターが `I` に変化する場所でダブルクリックすればよい。

4 箇条書き

① 10行目の「記」を入力し Enter を押すと，「記」が自動的にセンタリングされ，1行あけて「以上」が挿入される。

② Enter を押して空白行を挿入する。

③ 12行目先頭に1文字分の空白を入れ，続けて全角文字で「1．日　時」を入力する。

④ Enter を押すと，13行目に自動的に全角文字で「2．」が表示される。

箇条書きを入力すると， 🗲（オートコレクトのオプション）スマートタグが表示されるが，ここではそのまま処理を続ける。

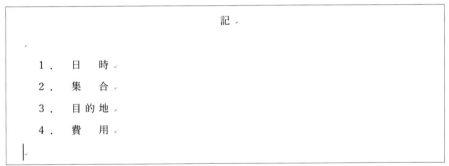

⑤ 以下続けて15行目の「4．費　用」まで入力した後で Enter を押すと，次の行に「5．」が表示されるので，もう一度 Enter を押して箇条書きを解除する。

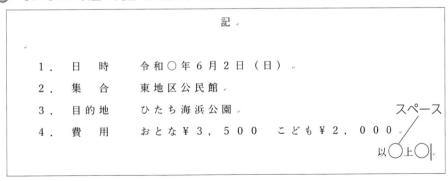

⑥ それぞれの項目の内容を入力し，「以上」の位置を変更し，整える。

記

1．日　時　　令和○年6月2日（日）

2．集　合　　東地区公民館

3．目的地　　ひたち海浜公園

4．費　用　　おとな￥3,500　こども￥2,000

　　　　　　　　　　　　　　　　　　　　　　スペース

　　　　　　　　　　　　　　　　　　　　以○上○

練習18 ファイル名「遠足」で保存しなさい。

3 編集機能（2）

ここでは文章をすべて入力してから編集を行う方法を学習する。

学校説明会のご案内 例題5

1行30字・1ページの行数30行に書式を設定して，次のような説明会の案内状を作成しよう。 （ファイル名「学校説明」）

北 発 第 ２ ６ ５ 号

令 和 ○ 年 ６ 月 ９ 日

桜 高 等 学 校

　　 進 路 指 導 部 　 御 中

北 関 東 国 際 大 学

　　 入 試 部 長 　 根 岸 　 史 高

学 校 説 明 会 の ご 案 内

拝啓　貴校ますますご発展のこととお喜び申し上げます。

　さて、本年度も高校生を対象とした学校説明会を、下記のとおり開催いたします。また、本年度からグローバル人材の育成をめざすため、国際経済学部を設置することとなりました。

　つきましては、本学への進学を希望されている生徒の皆さまに、同封のパンフレットをお渡しのうえ、ご案内くださいますようお願い申し上げます。

敬 具

記

学　　部	開 催 日 時	会　　場
経 営 学 部	７月２６日午前９時	２０１教室
国際経済学部	８月　２日午後１時	視 聴 覚 室

※会場へは真岡駅より無料のシャトルバスを運行しております。

以 　 上

※例題5では，原稿を正確に入力したことを確認するため，P.67 ⑥ ～ P.68 ⑫の設定を実施している。また，通信文書の見栄えを良くするために，巻末資料2（P.182）に示した様式に従って体裁を整えている。

フォントとは，書体のことである。日本語のフォントには明朝やゴシックなどがあり，英語のフォントにはArialやTimes New Romanなどがある。

Word2019 では「游明朝」が標準のフォントである。

① 21行目の「記」まで入力し，[Enter]を押す。

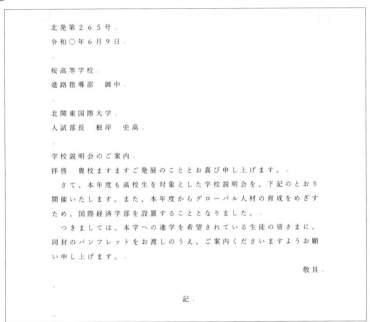

「拝啓」と入力して[Enter]を押すと，「敬具」が自動的に入力される。

右揃え

② 文書番号と日付をドラッグして選択し，[ホーム]-三(**右揃え**)をクリックして右寄せする。

③ ５行目の先頭に空白を１文字入れ，７行目と８行目は，右寄せしてから右端にそれぞれ６文字と２文字の空白を入れる。その後で，10行目を中央揃えする。

このとき，「敬具」の体裁を整える。

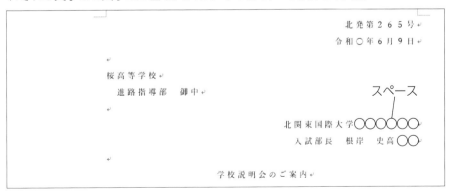

④ 「学校説明会のご案内」をドラッグして選択し，[ホーム]-游明朝 (本文(✓（フォント）の✓をクリックしてドロップダウンリストを開く。

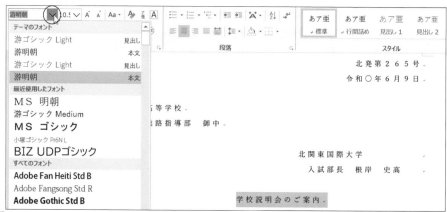

フォントの選択
ドロップダウンリスト内のフォント名はアルファベット順に並んでいる。スクロールバーを操作し，目的のフォントを探す。

⑤ [MS ゴシック]をクリックする。

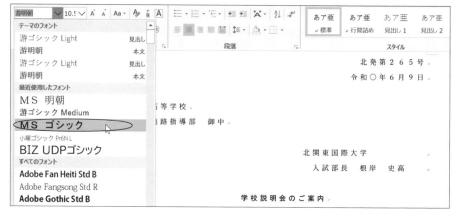

[表示]-[ズーム]で200％を選択すると，画面が拡大されゴシック体になっていることがわかる。元に戻すには100％を選択する。

⑥ 文字がゴシック体に変更されるので，画面上の適当な場所をクリックし，選択を解除する。

```
           入 試 部 長    根 岸    史 高


      学 校 説 明 会 の ご 案 内↵
```

練習19 例題5のタイトルをいろいろなフォントに変更しなさい。

参考◆UDフォント……「見やすい」「読みやすい」「間違いにくい」を重視し，誰にとっても見やすく読みやすいユニバーサルデザインのフォントである。Microsoft社製品においても，最新版のWindows10やOffice2019に採用となり，可読性や視認性，判読性が高く，小さくしても誤読が少ないように設計されているフォントである。

ＭＳゴシック	→	第８１９５号　カシオペア　Aomori↵
ＭＳＰゴシック	→	第8195号　カシオペア　Aomori↵
UDデジタル教科書体N-B	→	**第8195号　カシオペア　Aomori**↵

2 フォントサイズの変更

フォントサイズとは，文字の大きさのことで，ポイント数(pt)であらわされる。ポイント数が大きいほど文字が大きくなる。Word標準のフォントサイズは，10.5ポイントである。10行目のタイトル「学校説明会のご案内」のフォントサイズを18ポイントにしてみよう。

① 「学校説明会のご案内」をドラッグして選択する。

② [ホーム]−10.5 ∨(フォントサイズ)の∨をクリックすると，ドロップダウンリストが開く。マウスポインターを[18]に合わせると，文字が18ポイントになるので[18]をクリックする。

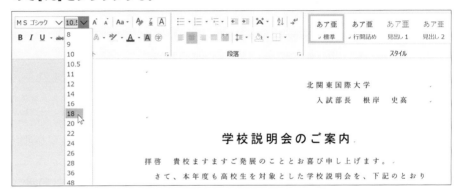

③ 選択した文字が18ポイントになったので，画面の適当な場所をクリックし，選択を解除する。

参考◆倍角文字……

① 横倍角文字

対象となる文字をドラッグして選択してから，[ホーム]-🗚▾(拡張書式)をクリックするとドロップダウンリストが開くので，[**文字の拡大／縮小(C)**]-[**200％**]をクリックする。

② 縦倍角文字

対象となる文字をドラッグして選択してから，フォントサイズをWord標準の2倍である21ポイントにする。つづけて[ホーム]-🗚▾(拡張書式)をクリックするとドロップダウンリストが開くので，[**文字の拡大／縮小(C)**]-[**50％**]をクリックする。

③ 4倍角文字

対象となる文字をドラッグして選択してから，フォントサイズをWord標準の2倍である21ポイントにする。

拡張書式
🗚▾

フォントサイズの直接指定
フォントサイズのドロップダウンリストを開いたときに，キーボードから直接ポイント数を入力することができる。

倍角文字の例

普通の文字	横倍角文字
縦倍角文字	4倍角文字

3 下線（アンダーライン）

① 「学校説明会のご案内」をドラッグして選択する。

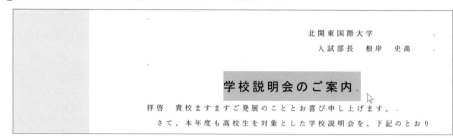

下線

U

② [ホーム]-**U**（下線）をクリックすると下線が引かれる。

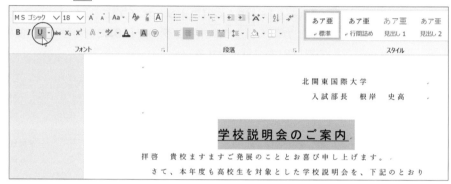

③ 下線が引かれたので，画面の適当な場所をクリックし選択を解除する。

参考◆下線の解除……下線を取り消すには，取り消す範囲をドラッグして選択し，もう一度**U**（下線）をクリックする。

◆下線（アンダーライン）の線種変更……下線の線種を変更するには，変更する範囲をドラッグして選択し，[ホーム]-**U**（下線）の▼をクリックするとドロップダウンリストが開くので，その中から線種を選択する。

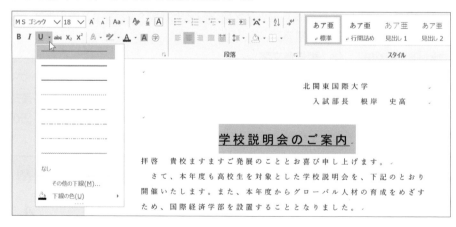

練習20 15行目の「国際経済学部を設置」の下部に波線を引きなさい。また，その波線を解除しなさい。

4 表の作成

表を作成する方法を説明する。

◆◆◆◆◆◆◆ **表の作成**

表

① 「記」の2行下にカーソルを合わせ，[**挿入**]-▦ (表)をクリックすると，[**表の挿入**]のドロップダウンリストが開く。

② 作成する表の行数・列数に合わせてマウスポインターを移動する。ここでは，3行3列を選択する（ドロップダウンリスト上部に「表（3行×3列）」と表示される）。

8行×10列より大きな表を作成する場合には，[**表の挿入(I)**]をクリックし表のサイズを指定すればよい。

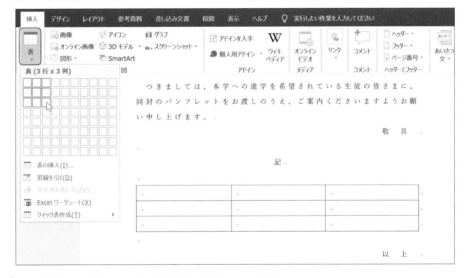

③ 用紙幅いっぱいに，3行3列の表が作成される。

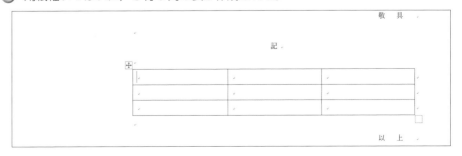

◆◆◆◆◆◆列幅変更

① まず，左端の縦線を移動する。マウスポインターを左端の縦線に合わせると，マウスポインターが ⬅➡ の形に変わる。

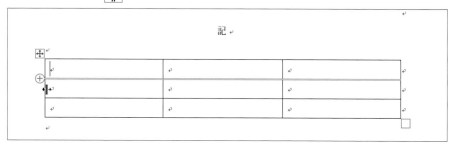

② マウスポインターが ⬅➡ の状態のまま右方向にドラッグし，18行目の「い申し上げます。」の「申」の右の位置に合わせる。

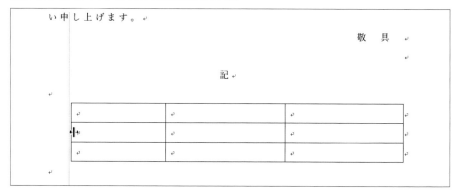

③ マウスから指を離すと，左端の位置が確定する。

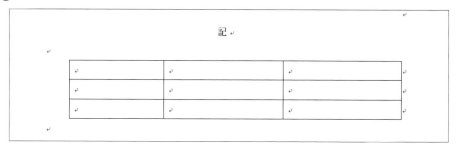

練習 21　例題5の表を，列幅を変更し完成させなさい。

（表の中の文字の入力については次の項で説明します）

参考◆表の列幅・高さの変更……

① **列幅変更**

変更したい縦線にマウスポインターを合わせ，マウスポインターの形が ⬅➡ に変わったら左右にドラッグして調整する。

② **高さ変更**

変更したい横線にマウスポインターを合わせ，マウスポインターの形が ⬍ に変わったら上下にドラッグして調整する。

③ **微調整**

Alt を押しながらドラッグすると，細かく調整することができる。

5 均等割り付け

　文字数の異なる字句を並べて印刷したときに，長さが不揃いであると見栄えが悪い。このようなときに，指定した範囲に文字を均等に配置する機能を**均等割り付け**という。ここでは，「学部」の下の欄の文字を，列幅に合わせて均等割り付けする。

① 表の1行1列に「学　部」と入力し，$\equiv$ **(中央揃え)** をクリックすると，文字が表の中で中央揃えになる。

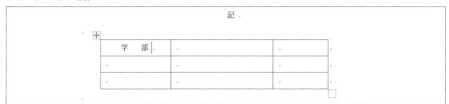

② 2行1列に「経営学部」と入力し，マウスポインターを文字のすぐ左横に合わせると，マウスポインターが黒い小さな矢印 ➹ に変わる。この状態でクリックすると，表内の項目幅を範囲指定できる。

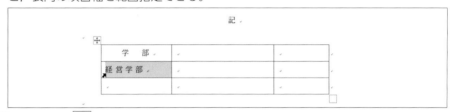

均等割り付け)

③ **[ホーム]**-▦ **(均等割り付け)** をクリックすると，均等割り付けされる。

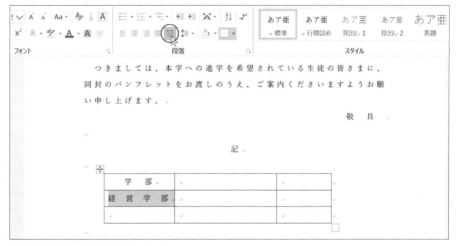

④ 画面上の適当な場所をクリックして選択を解除する。

練習 22 例題5の表の他の部分に文字を入力し，表を完成させなさい。

参考◆**特定文字数の均等割り付け**……表内いっぱいではなく，特定文字数に均等割り付けする場合には，文字のみをドラッグして選択した後で，▦をクリックすると，**[文字の均等割り付け]**ダイアログボックスが開くので，そこで**[新しい文字列の幅(T)]**に設定したい文字数を入力し，OKをクリックすればよい。

6 ルビ

指定された文字にふりがなを付ける場合がある。この文字にふりがなを付ける機能をルビという。

ここでは，26行目の「真岡」（もおか）にふりがなを付けてみよう。

ルビ

![ルビアイコン]

① 例題5の文章を，最後まで入力する。

② 「真岡」をドラッグし選択し，[ホーム]-[ルビアイコン]（ルビ）をクリックする。

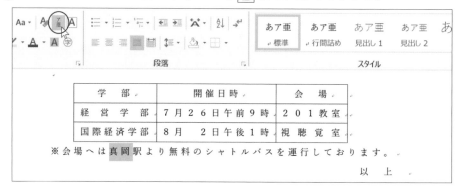

③ [ルビ]ダイアログボックスが表示される。[ルビ(R)]ボックス内に自動的にふりがなが表示されるので，OKをクリックするとふりがなが表示される。

ルビの変更

誤ったルビが表示された場合には，[ルビ(R)]ボックス内を変更すればよい。

④ 画面上の適当な場所をクリックし，選択を解除する。

参考◆ルビの削除……削除したい部分を範囲指定してから[ルビ]ダイアログボックスを表示し，ルビの解除(C)をクリックすると，ルビが削除される。

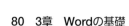

7 文字の網かけ

入力した文字を強調したい場合に，指定された文字列の上に網をかける機能を**網かけ**という。

ここでは，26行目の「無料のシャトルバス」に網かけを行う。

文字の網かけ
Ⓐ

① 「無料のシャトルバス」をドラッグして選択し，［ホーム］-Ⓐ（文字の網かけ）をクリックする。

［ホーム］-📝▾（蛍光ペンの色）を使うと，カラーの網かけができる。

② 指定した文字が網かけされるので，適当な場所をクリックし，選択を解除する。

学　部	開催日時	会　場
経 営 学 部	７月２６日午前９時	２０１教室
国 際 経 済 学 部	８月　２日午後１時	視 聴 覚 室

※ 会 場 へ は 真 岡 駅 よ り 無料のシャトルバス を 運 行 し て お り ま す 。

以　上

参考◆網かけの解除……解除したい部分をドラッグして選択し，もう一度Ⓐ（文字の網かけ）をクリックすると，網かけが解除される。

練習23 例題5を完成させ，ファイル名「学校説明会」で保存しなさい。

参考◆表の網かけ……

パターンでの網かけ
［表ツール］-［デザイン］-［飾り枠］ダイアログボックス起動ツールをクリックすると，［線種とページ罫線と網かけの設定］ダイアログボックスが表示される。［網かけ］をクリックし，［種類（Y）］で網かけの濃度やパターンを選択する。

① 変更したい部分をドラッグして選択する。

② ［表ツール］-［デザイン］-🖌（塗りつぶし）の▼をクリックすると，色見本のドロップダウンリストが表示される。

③ 色見本をクリックすると，表の中が指定した色になる。

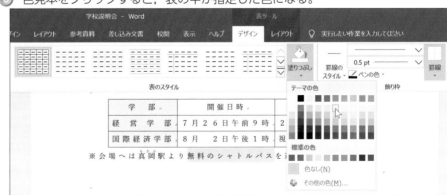

4 表の編集

ここでは，Wordの作表機能をさらに学習する。

学校説明会2 例題6

例題5のファイル名「学校説明会」を開き，データを１件追加するとともに，定員の欄を加えてみよう。　　　　　　　（ファイル名「学校説明会2」）

記

学　部	開　催　日　時	定　員	会　場
経　営　学　部	７月２６日午前９時	８０名	２０１教室
法　　学　　部	８月　１日午前９時	８０名	２０１教室
国際経済学部	８月　２日午後１時	１５０名	視聴覚室

※会場へは真岡駅より無料のシャトルバスを運行しております。

以　上

1 行・列の挿入

作成した表の形式を変更したいときは，表を選択したときに表れる[**表ツール**]-[**レイアウト**]タブを使用する。行と列を挿入するだけなら，表の左の縦罫線や上の横罫線に現れる⊕ボタンをクリックするだけでよい。なお，表を構成するそれぞれの箱のことを**セル**という。

テーブルの行と列を追加するためのポップアップボタン
⊕

① 挿入したい行の左にマウスポインターを合わせると，⊕ボタンが現れる。

② クリックすると，表に行が1行挿入される。

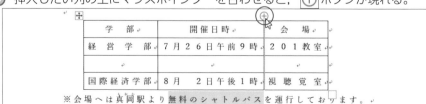

③ 挿入したい列の上にマウスポインターを合わせると，⊕ボタンが現れる。

④ 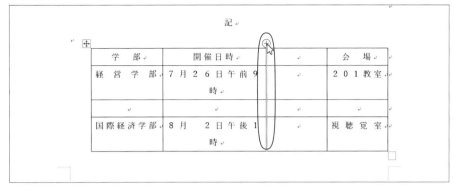 をクリックすると，表に列が1列挿入される。

⑤ カーソルを挿入した列の左側の線に合わせ，◄║►の形になったところで線を右にドラッグし移動する。同様に右側の線も移動し，体裁を整える。

表の体裁を一度に変更するときは，表をドラッグして選択し，[表ツール] - [レイアウト] -

(配置）を活用するとよい。

練習24 表の体裁を整え文字を入力し，ファイル名「学校説明会２」で保存しなさい。

参考◆セルの結合……隣り合う複数のセルを結合し，1つのセルにすることができる。

① 結合したいセルをドラッグして選択する。

② 表を選択したときに現れる[レイアウト]- ⊞ セルの結合 をクリックすると，1つのセルに結合される。

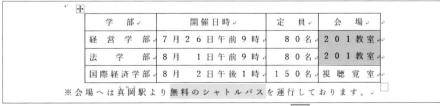

③ 下段の「201教室」を削除し，[レイアウト]-[配置] ≡ (中央揃え）をクリックすると，結合されたセルの中央に文字が表示される。

次の文章を入力・印刷・保存しなさい。
（書式設定：A4・縦置き・1行30字・1ページ25行・ファイル名「サイクリング」）

令和○年7月10日

会　員　各　位

元気ＵＰサイクリングクラブ

「美瑛町サイクリング」スタンプラリー開催について

　この夏のクラブイベントとして、美瑛町にてサイクリングによる
スタンプラリーを計画しました。参加者の希望により、2種類のコー
スを設定いたしましたので、ご自分の能力に応じて申し込みくだ
さい。美瑛の丘を自転車で巡り、北海道の大自然を満喫ください。
　なお、参加の有無につきましては、後日申込書をお配りいたしま
すので、クラブイベント幹事までお渡しください。

記

1．期　　日　　8月11日（日）
2．場　　所　　北海道美瑛町
3．集合場所　　美瑛駅前　（受付9：30～10：00）

コース	距離	平均所要時間
ファミリー向け初心者コース	7km	約1時間
健脚向けパノラマコース	18km	約2時間

※レンタサイクルの事前予約もお受けいたします。

以　上

※実習12では，原稿を正確に入力したことを確認するため，P.67⑥～P.68⑫の設定を実施している。また，
通信文書の見栄えを良くするために，巻末資料2（P.182）に示した様式に従って体裁を整えている。

次の文章を入力・印刷・保存しなさい。
（書式設定：A4・縦置き・１行30字・１ページ26行・ファイル名「秋旅行」）

営発第６０号

令和○年９月１１日

まゆみ物産株式会社

　厚生部長　　辻　　一紀　　様

西部観光株式会社

営業部長　　中村　　友哉

秋にお勧め観光列車の旅のご案内について

拝啓　貴社ますますご発展のこととお喜び申し上げます。

　さて、ご好評をいただいております「観光列車の旅」につきまして、新たに秋の特別プランを企画いたしました。紅葉の中を特別列車でゆっくりと巡る旅をお楽しみいただければと思います。

　つきましては、パンフレットを同封いたしますので、社員旅行にご検討のほどよろしくお願い申し上げます。

敬　具

記

旅行プラン	日　程	掲載頁
秋のスイーツ堪能！会津の旅	１泊２日	３頁
秋の味覚づくし山形天然温泉の旅	１泊２日	５頁
カシオペア号で行く岩手満喫の旅	２泊３日	９頁

※同封物　秋限定旅行パンフレット　１０部

以　上

※実習 13 では，原稿を正確に入力したことを確認するため，P.67⑧～P.68⑫の設定を実施している。また，
　通信文書の見栄えを良くするために，巻末資料２（P.182）に示した様式に従って体裁を整えている。
※タイトルのフォントは游ゴシック（太字）とする。

4章 Wordの活用

1 アイコン・イラストの挿入

　Word 2019 には，ビジュアルな文書を作成するためのさまざまな機能がある。ここでは，Word2019で新たに加わった「アイコン」と「3Dモデル」の機能を紹介していく。

　インターネット経由でデータを入手して，画像の一覧から必要なアイコンやイラストを選択し，編集してみよう。

祝勝会のお知らせ　例題7

　1行40字・1ページ30行に書式を設定して，次のような祝勝会のお知らせを作成し，アイコンと3Dモデルのイラストを挿入しよう。

（ファイル名「祝勝会のお知らせ」）

✺祝勝会のお知らせ 🚀

　ミニバスケットボール県大会優勝を祝って、下記の通り祝勝会を開催いたします。皆さまぜひご参加ください。出欠についてはメールにて保護者会会長までお知らせください。

記

1．日　時　　令和〇年10月3日（土）　18：00〜

2．場　所　　焼肉ガーデン　まんぷく

3．費　用　　大人1名　4，000円

　　　　　　　子供1名　2，000円

以　上

文書にアイコンを挿入し，サイズを変更したり，場所を移動したりする方法を学ぼう。

① イラストを除いた例題7の文書を9行目まで入力し，1行目の「祝勝会のお知らせ」のフォントサイズを26ポイントに設定し，中央揃えする。

② 1行目の「祝」の前にカーソルを合わせる。

アイコン

③ [挿入]-（アイコン）をクリックする。

④ [アイコンの挿入]ダイアログボックスが表示されるので，左側の分類から「スポーツ」を選択すると，右側にスポーツに関するアイコンが表示されるので「バスケットボール」を選択して，[挿入]をクリックする。

分類に「スポーツ」が表示されていないときは，分類を下にスクロールすると現れる。

4章

⑤ アイコンがカーソルの位置に挿入される。

⑥ アイコンの周りに四角が表示されている状態で，右下の⟪○⟫にマウスポインターを合わせると，マウスポインターの形が⟪↖⟫に変わる。その状態でマウスを左上方向にドラッグすると，アイコンのサイズを縮小できる。1行目の文字サイズと同じ大きさに縮小する。画面上の適当な場所をクリックすると四角枠が消える。

レイアウト
オプション

⟪⌃⟫

⑦ 挿入したアイコンをクリックして選択すると，アイコンの右上に⟪⌃⟫(レイアウトオプション)が表示されるので，これをクリックし，[文字列の折り返し]で⟪⌃⟫(前面)を選択する。これで，選択されたアイコンを自由に移動させることができる。

前面

⟪⌃⟫

レイアウトオプションは「行内」以外を設定することで，アイコンを自由に移動させることができる。

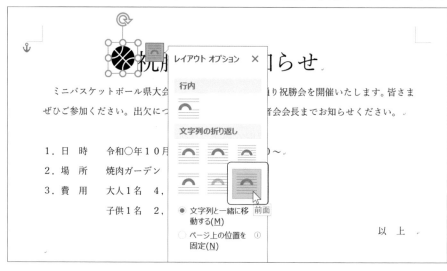

⑧ アイコンにマウスポインターを合わせると，マウスポインターの形が⟪✥⟫に変わる。その状態でマウスをドラッグすると，アイコンを自由に移動させることができる。アイコンを移動させると，横方向では左端，中央，右端，そして縦方向では行間に一致したときに配置ガイド(緑色の線)が表示される。ここでは，次のように行間が一致するようにアイコンを配置する。

配置ガイドが表示されないときは，アイコンを選択し[グラフィックツール]－[書式]－⟪⌸⟫[配置]－[配置ガイドの使用(U)]のチェックを入れると表示できる。

練習25
アイコンの挿入で，「お祝い」の分類から⟪✦⟫(流れ星)を選択し，例題7を参考に貼り付けなさい。完成したファイルは「祝勝会のお知らせ」で保存しなさい。

4
章

2 イラストの挿入・サイズ変更・移動

文書にイラストを挿入し，サイズを変更したり，場所を移動したりする方法を学ぼう。

3D モデル

① 例題7「祝勝会のお知らせ」の10行目1列にカーソルを合わせる。

② [挿入]-(3Dモデル)右の▼をクリックし，[ファイルから(F)]をクリックする。

[オンライン
ソースから(O)]
を選択するとイン
ターネットを経由し
てオンラインソース
3Dモデルを検索す
ることができる。

③ [3Dモデルの挿入]ダイアログボックスが表示されるので，挿入したい3D画像のあるフォルダーを指定し，画像を選択する。ここでは「メダル」を選択し，[挿入(S)]をクリックする。

3D画像「メダル」
は実教出版の Web
ページからダウン
ロードできる。3D
画像「メダル」のア
イコンが 💡 と表示
される場合もある。

④ 3D画像のメダルが挿入される。

⑤ 挿入されたメダルを裏返す
ために，画像の真ん中の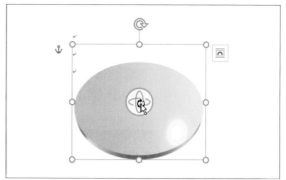
にマウスポインターを合わせ
ると，　が表示される。

⑥ その状態で上側にマウスをドラッグしていくとメダルが回転する。ここでは，反
対側に表示された絵柄が表側に来るように回転させる。

 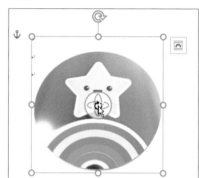

⑦ マウスを上下左右にドラッグすると，イラ
ストが3Dモデルで表示され，さまざまな角
度から表示することができる。ここでは右図
のようにメダルを傾けてみよう。

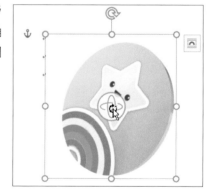

⑧ メダルにマウスポインターを合わせると，マウスポインターの形が　　に変わる。
その状態でマウスをドラッグすると，メダルを自由に移動させることができる。こ
こでは，中央に配置する。

3Dモデルのリセット

参考◆**3Dモデルのリセット**……３Ｄモデルの向きやサイズを変更した後，最初に読
み込んだ状態に戻したい場合は，**[3Dモデルツール]-[書式]-**　（３Ｄモデルのリセッ
ト)をクリックする。
◆**3Dモデルの削除**……削除したい３Ｄモデルを選択し，　Delete　を押す。

練習 26　　**例題7を完成させて，ファイル名「祝勝会のお知らせ」で保存しなさい。**

文書に写真やコメントを挿入してみよう。

1行40字・1ページ30行に書式を設定して，次のような尾瀬ハイキングの
ご案内を作成し，画像とテキストボックスを挿入しよう。

（ファイル名「尾瀬ハイキングのご案内」）

令和○年8月21日

社員各位

厚生課長　上原　大輔

尾瀬ハイキングのご案内

　尾瀬といえば夏ですが，秋の尾瀬も風情があります。ロッジに宿泊し，秋の尾瀬を楽しみ
ませんか。参加ご希望の方は，直接厚生課にお申し込みください。

　ご家族ともどもふるってご参加ください。

記

1．期　日　令和○年10月10日（土）～11日（日）

2．集　合　新宿駅KOデパート前　7：00

3．人　数　30名（定員になり次第締め切ります）

4．費　用　1名につき20,000円

以　上

担当

厚生課　立花由香里

内線　231

4章

1 画像の挿入

文書に写真やイラスト等の画像を挿入し，サイズを変更したり，場所を移動したりしよう。

① 例題8の文書を5行目まで入力し，7行目にカーソルを合わせる。

画像

② [挿入]-(画像)をクリックする。

挿入する画像は実教出版のWebページからダウンロードできる。

③ [図の挿入]ダイアログボックスが表示されるので，挿入したい画像を選択し[挿入(S)]をクリックする。ここでは，「尾瀬ハイキングのご案内」を選択する。

④ 画像がカーソルの位置に挿入される。

練習 27 挿入した画像のサイズを縮小し，レイアウトオプションの[文字列の折返し]で 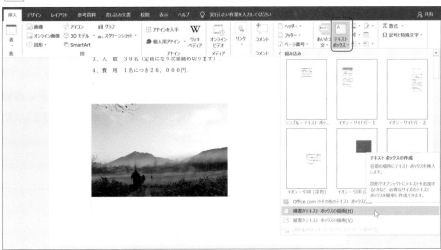 (背面)を選択し，例題8のようにタイトル画像を中央に配置しなさい。

練習 28 例題8の8行目から残りの文章を入力し，写真画像「尾瀬」を挿入しなさい。
例題8を参考に，画像の大きさをページ幅の3分の2程度に縮小し，ページの左下に
移動して，ファイル名「尾瀬ハイキングのご案内」で保存しなさい。

2 テキストボックスの挿入

本文とは別の場所に文章を挿入する場合は，テキストボックスを活用する。

テキストボックス

① テキストボックスを挿入したい部分が画面に表示されている状態にし，[**挿入**]－
(**テキストボックス**)－[**横書きテキストボックスの描画(H)**]をクリックする。

② マウスポインターの形が ＋ になるので，テキストボックスを挿入したい場所で
ドラッグすると，その大きさのテキストボックスが挿入される。画像と同じように
扱うことができ，後から大きさを変更することもできる。

③ テキストボックス内に文字を入力する。

参考◆テキストボックスの横幅や縦幅を入力した文字の量に連動させる……テキストボックスの枠を右クリックし，[描画ツール]-[書式設定(O)]をクリックすると，[図形の書式設定]作業ウィンドウが表示される。[文字のオプション]-▲▤(レイアウトとプロパティ)をクリックし，[テキストに合わせて図形のサイズを調整する(F)]のチェックを入れて，[図形内でテキストを折り返す(W)]のチェックを外すとよい。

④ テキストボックスの大きさを調整し，ページの右下に移動する。移動するときは，テキストボックスの枠にマウスポインターを合わせて，マウスポインターの形が🔀になったときにドラッグする。

練習 29 完成した例題8をファイル名「尾瀬ハイキングのご案内」で上書きで保存しなさい。

3 ワードアート

ここでは，作成した文書をさらに見やすくするため，「ワードアート」機能によってタイトルに色やデザインを加え編集してみよう。

クリスマスコンサートのご案内 例題9

実教出版ホームページよりダウンロードしたデータ，ファイル名「クリスマス」の文書を呼び出し，次のようなクリスマスコンサートの案内状を作成してみよう。
（ファイル名「クリスマスコンサート案内状」）

クリスマスコンサートのご案内

　街角に流れるジングルベルのメロディに心おどる今日この頃ですが、いかがお過ごしでしょうか？

　今年は私たち「OYAJI－JAZZ　BAND」結成後、初めて迎えるクリスマスです。日ごろ私たちを応援してくださっている皆さまに感謝をこめて、クリスマスコンサートを行います。是非お集まりいただきたく、ご案内申し上げます。どうぞご家族お揃いで、お気軽にお出かけください。

　日時　１２月２５日（火）　午後６：００～
　会場　佐野駅前　交流広場オープンスペース
　地図

1 ワードアートの挿入

この章では，これ以降ルーラーとグリッド線を表示させる。

タイトルの文字を文書上に表示させてみよう。

① 実教出版ホームページよりダウンロードした「クリスマス」を画面に表示させる。

② [表示]タブをクリックし，[ルーラー]と[グリッド線]にチェックを入れる。

ルーラーのチェックをはずすと目盛りは消え，グリッド線のチェックをはずすとグリッド線（表示される横線）は消える。

③ 文頭に行を1行挿入し，挿入した1行1列にカーソルを合わせる。

④ [挿入]-(ワードアート)をクリックする。

ワードアート

⑤ ワードアートスタイルの選択画面が表示されるので，ここでは上から3番目，左から3番目のサンプルを選択する。

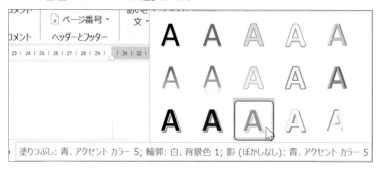

⑥ ワードアートが挿入されて「ここに文字を入力」と表示される。

文字サイズは自動的に「36pt」に設定される。

⑦ [Back Space]を押して，「クリスマスコンサートのご案内」と入力する。

ワードアートを挿入した直後はレイアウトが「前面」の設定になっているので，文字と重なってしまう。

2 ワードアートの編集

表示されたワードアートの位置を設定したり，文字の大きさや色，文字の形状を変えてみよう。

◆◆◆◆◆◆◆ ワードアートの位置の設定

レイアウトオプション

❶ ワードアートの周囲に点線が表示された状態で，▲（**レイアウトオプション**）をクリックするとドロップダウンリストが表示されるので，文字列の折り返しで▲（**四角形**）を選択する。

ワードアート上にマウスポインターを合わせクリックするとワードアートの周囲に点線が表示され，ワードアートが選択されたことになる。

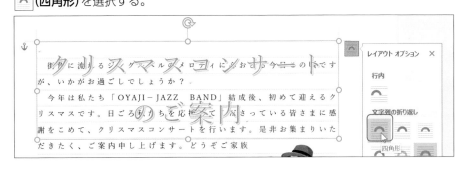

❷ 文字が折り返され，タイトルのワードアートが文書の上側に配置される。

[描画ツール]-[書式]
- ▲（位置）- ▲（中央上に配置し，四角の枠に沿って文字列を折り返す）を選択してもよい。

◆◆◆◆◆◆◆ 文字サイズの変更

❶ ワードアートの外枠にマウスポインターを合わせ，形が ⊹ の状態でクリックし，[**ホーム**]のフォントサイズボックス右側の ∨ をクリックするとドロップダウンリストが表示されるので「24」を選択する。

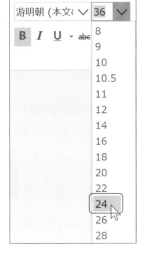

② 文字が縮小され，ワードアート全体が縮小された。

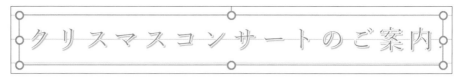

◆◆◆◆◆◆◆文字形状の変更

文字の効果

Ⓐ

① [描画ツール]-[書式]- Ⓐ (文字の効果)をクリックする。

変形

abc

② ドロップダウンリストが表示されるので， abc (変形(T)) にマウスポインターを合わせる。文字列の形状が表示されるので，ここでは「波：下向き」を選択する。

③ 文字列が変形される。

◆◆◆◆◆◆◆文字の輪郭の色の変更

文字の輪郭

Ⓐ

① [描画ツール]-[書式]- Ⓐ (文字の輪郭)右側の ▼ をクリックする。

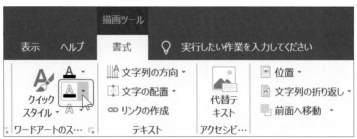

② 文字の輪郭の色パレットが表示されるので，ここでは「ブルーグレー、テキスト 2」を選択する。

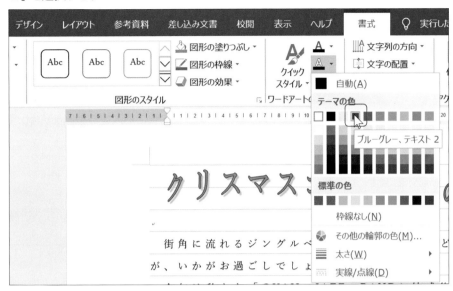

③ 文字に濃い青色の輪郭が付く。

◆◆◆◆◆◆◆ ワードアートの大きさの変更

① ワードアートの右下の ○ にマウスポインターを合わせ，↖ の状態にする。

② その状態でドラッグすると，ワードアートの大きさが変化するので，次のように右下へドラッグして拡大する。

③ マウスのボタンをはなすと，ワードアートが拡大される。

参考◆ワードアートの移動……ワードアート上にマウスポインターを合わせ，ポインターが の状態になったら，そのまま表示させたい場所までドラッグして移動させる。マウスのボタンをはなすと，移動が完了する。

練習 30 **完成した文書を，ファイル名「クリスマス 1」で保存しなさい。**

4 スクリーンショット

Word2019には，現在開いている他の画面全体，あるいは画面の一部を画像として ワード文書に挿入できる**スクリーンショット**機能がある。ここでは後者を取り上げ，作成済みの案内状にWebページの地図を挿入してみよう。

1 画像の挿入

Yahoo! Japan もしくは Google サイトの [地図] で「佐野駅前交流広場オープンスペース」と検索するとよい。

① クリスマスコンサートの案内状に挿入する地図をWebページより検索し，画面に表示しておく。

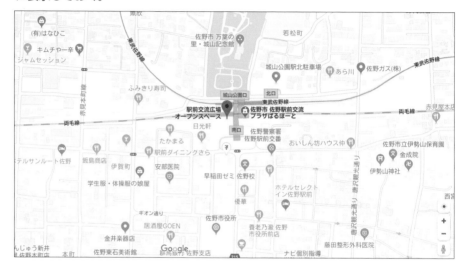

佐野駅周辺の地図は，見本どおりでなくとも，大体の位置をキャプチャできていればよい。

② 「クリスマス1」の文書を開き，「会場」の行の次の行に，「地図」と入力し改行する。この場所に地図を挿入する。

スクリーンショット

③ [挿入]-　(スクリーンショット)をクリックする。

④ 使用できるウィンドウ画面が表示されるので，一番下の (**画面の領域（C）**)を選択する。

使用できるウィンドウ画面が表示されない場合もある。

⑤ Webページの画面に切り替わる。画面は全体的に白っぽくなっているが，マウスポインターの形が ┼ に変わるので，挿入したい地図の領域を左上から右下にドラッグする。

地図の領域をドラッグするとすぐにWord文書に挿入されるので，選択する範囲を変更したい場合は，挿入した地図を削除してから再度手順 ③ からやり直す。

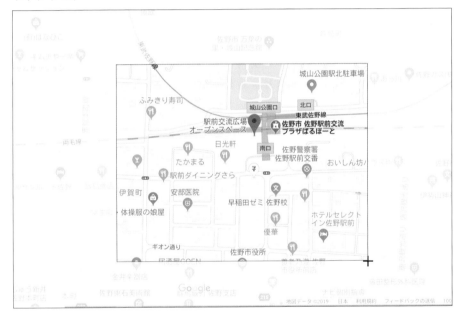

⑥ 指をはなすと，ドラッグした範囲がワード文書に挿入される。

参考◆スクリーンショットの移動……挿入したスクリーンショットは，「画像」と同様に扱うことができる。レイアウトオプションで「文字列の折り返し」を「四角形」に設定し，マウスポインターが の状態になったら，そのまま表示させたい場所までドラッグして移動させる。マウスのボタンをはなすと，移動が完了する。

練習31 完成した文書を，ファイル名「クリスマスコンサート案内状」で保存しなさい。

5 図形描画

オートシェイプを使って基本的な図形を自由に描くことができる。ここでは，基本図形の描き方を学び，地図を作成してみよう。

■ クリスマスコンサートのご案内2 例題10

練習30で保存したファイル名「クリスマス1」を読み込み，次のような地図を作成しよう。
（ファイル名「クリスマスコンサート案内状2」）

クリスマスコンサートのご案内

　街角に流れるジングルベルのメロディに心おどる今日この頃ですが、いかがお過ごしでしょうか？

　今年は私たち「OYAJI－JAZZ　BAND」結成後、初めて迎えるクリスマスです。日ごろ私たちを応援してくださっている皆さまに感謝をこめて、クリスマスコンサートを行います。是非お集まりいただきたく、ご案内申し上げます。どうぞご家族お揃いで、お気軽にお出かけください。

日時　１２月２５日（火）　午後６：００～
会場　佐野駅前　交流広場オープンスペース
地図

ボーカル

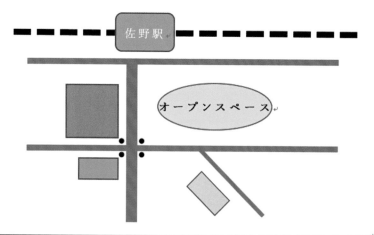

佐野駅

オープンスペース

問い合わせ先：OYAJI－JAZZ　BAND　桑田
　　　　　　　Tel：084-084-1225

まず，描画キャンバスで枠をつくり，直線道路や建物などの基本図形を描いてみよう。

◆◆◆◆◆◆◆ **描画キャンバスの挿入**

① 「クリスマス1」の文書を開き，「会場」の行の次の行に，「地図」と入力し改行する。地図を挿入したい場所，ここでは，1列目にカーソルを合わせる。

この章では作図しやすいように，ルーラーとグリッド線を表示させる（P.96参照）。

図形

[挿入]-[図形]をクリックする。

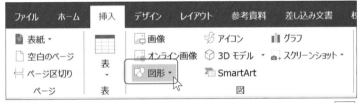

新しい描画キャンバス(N)

② オートシェイプのプルダウンメニューが表示されるので，（**新しい描画キャンバス(N)**）をクリックする。

描画

[描画]-でも良い。

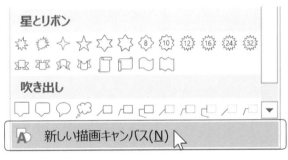

③ カーソルの位置に描画キャンバスが挿入される。

4章

 直線の描画

[挿入] -  (図形)
- (直線) でもよい。

① [描画ツール] - [書式] -  [直線] をクリックする。

② マウスポインターが ┼ に変わるので，直線の始点をクリックしてそのまま終点まで
ドラッグすると，直線が描かれる。ここでは，次のように直線の道路を描く。

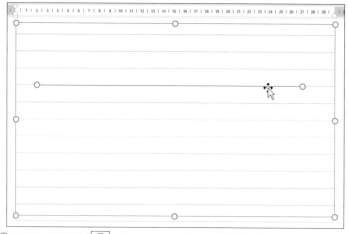

③ 直線の両端が ◯ になっている (**その直線が選択されている**) 状態で [描画ツール]
[書式] - (図形の枠線) をクリックする。

図形の枠線

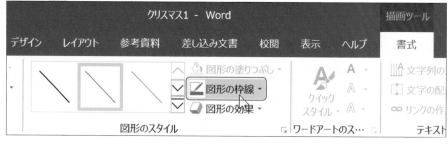

太さ

④ ドロップダウンリストが表示されるので，
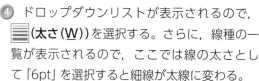 (**太さ(W)**) を選択する。さらに，線種の一
覧が表示されるので，ここでは線の太さとし
て「6pt」を選択すると細線が太線に変わる。

⑤ 同様にして，横の直線を6pt，線路は点線で
6ptで描く。斜めの直線は4.5ptとしてp105の
練習32にある道路を参考に描く。

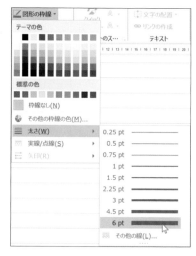

[挿入] - （図形）
- （正方形／長
方形）でもよい。

⑥ 縦の直線は12ptに設定する。太さが6ptを
超える場合は④ ▤（太さ）のプルダウンメ
ニューから▤（その他の線(L)）を選択すると,
[図形の書式設定]作業ウィンドウが画面右側に
表示されるので[幅(W)]に「12pt」と入力する。

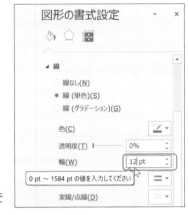

⑦ 縦の線が太線に変わる。

四角形の描画

① [描画ツール]-[書式]-□[正方形／長方形]を
クリックする。

同様の方法で, 角丸
四角形, 円／楕円,
下矢印などを描くこ
とができる。

② マウスポインターが ＋ に変わるので, 左上の角をクリックしてそのまま右下の
角までドラッグする。

③ 指をはなすと四角形が描かれる。

自動的に四角形の中
の色は青色になる。
色の変更は P.106
で行う。

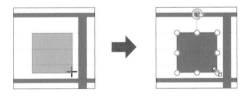

Shift を押しなが
らドラッグすると,
正方形として描ける。

参考◆図形の選択・図形の移動・図形の削除

①図形の選択…選択したい図形にマウスポインターを合わせ, クリックする。

②図形の移動…移動したい図形を選択し, マウスポインターが の状態のときに移
動したい場所までドラッグする。

③図形の削除…削除したい図形を選択し, Delete を押すと図形が削除される。

練習32 道路地図に次のような図形を描画しなさい。

ヒント
図形を選択しドラッ
グして 45°回転さ
せる。

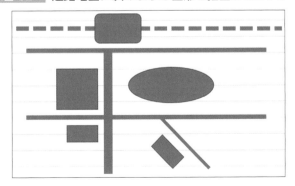

練習33 ファイル名「クリスマス2」で保存しなさい。

5 図形描画 105

2 色の変更

描いた図形に色を設定してみよう。

◆◆◆◆◆◆◆ 線の色

① 「クリスマス2」の文書を開き，一番はじめに描いた太さ「6pt」の横の直線道路を選択する。

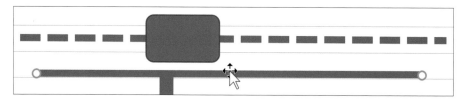

図形の枠線

② [描画ツール]-[書式]-✐(図形の枠線)をクリックすると，色パレットが表示される。ここでは[テーマの色]から左下の「白，背景1，黒＋基本色50％」を選択する。

③ 直線が灰色に変わる。

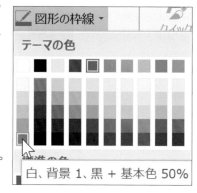

◆◆◆◆◆◆◆ 塗りつぶしの色

① 一番はじめに描いた四角形の建物を選択する。

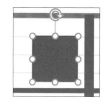

図形の塗りつぶし

② [描画ツール]-[書式]-🪣(図形の塗りつぶし)をクリックすると，色パレットが表示される。ここでは[テーマの色]から「オレンジ，アクセント2」を選択する。

③ 四角形の建物がオレンジ色に変わる。

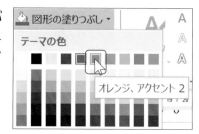

練習34　次の設定を行い，ファイル名「クリスマス2」で上書き保存しなさい。

(1) 横の直線道路と縦の直線道路及び斜めの道路3本を[テーマの色]から「白、背景1、黒＋基本色50％」に設定しなさい。

(2) 電車の線路（波線）を[テーマの色]から「黒、テキスト1」に設定しなさい。

(3) 他の2つの四角形の建物を[テーマの色]から一方を「青、アクセント1、白＋基本色40％」，もう一方を「青、アクセント5、白＋基本色40％」に塗りつぶしなさい。

(4) 角丸四角形の駅を[テーマの色]から「緑、アクセント6」に塗りつぶしなさい。

(5) 楕円を[標準の色]から「黄」に塗りつぶし，図形の枠線を[標準の色]から「赤」に設定しなさい。

テキストボックス

　図形の中に文字を入力するには，テキストボックスを使う。テキストボックスとは，文字を入力できる領域のことで，本文と同様に自由に書式を設定することができる。これまで作成した地図に文字を入力してみよう。

① 「クリスマス2」の文書を開き，描画キャンバスをクリックして描画ツールを表示させる。

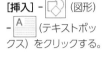

[挿入] - (図形) - (テキストボックス) をクリックする。

② [描画ツール]-[書式]-(**テキストボックス**)をクリックする。

③ マウスポインターが╋に変わるので，テキストボックスを作成したい場所にマウスポインターを移動させドラッグする。ここでは，地図にある楕円の左上をクリックしてそのまま右下までドラッグする。マウスから指をはなすと周囲に点線が表示され，次のようにテキストボックスが作成される。

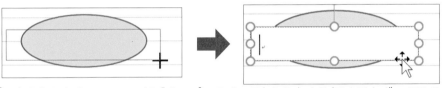

④ 文字を入力する。ここでは「オープンスペース」と入力する（テキストボックスのサイズが小さいときは，○をドラッグして拡大する）。

⑤ テキストボックスの外側をクリックしてテキストボックスの選択を解除すると，塗りつぶした色(**楕円の黄色**)が消えてしまう。

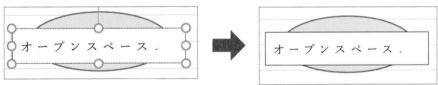

⑥ 「オープンスペース」の文字の上でクリックして，テキストボックスを選択する。

⑦ [描画ツール]-[書式]-(**図形の枠線**)をクリックし，[**枠線なし(N)**]を選択する。

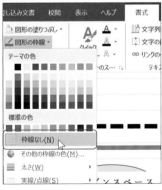

⑧ [描画ツール]-[書式]-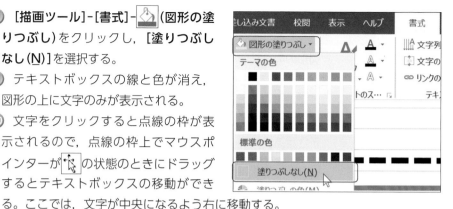(図形の塗りつぶし)をクリックし，[塗りつぶしなし(N)]を選択する。

⑨ テキストボックスの線と色が消え，図形の上に文字のみが表示される。

⑩ 文字をクリックすると点線の枠が表示されるので，点線の枠上でマウスポインターが の状態のときにドラッグするとテキストボックスの移動ができる。ここでは，文字が中央になるよう右に移動する。

⑪ テキストボックスの外側をクリックして，テキストボックスの選択を解除する。

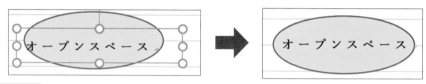

練習 35　次の設定を行い，ファイル名「クリスマス2」で上書き保存しなさい。

(1) 緑の角丸四角形の中にテキストボックスで「佐野駅」の文字を入力しなさい。（文字サイズ：12pt，文字色：テーマの白）

(2) テキストボックスの「オープンスペース」の文字を文字サイズ12pt，太字で表示しなさい。

4　テーマの設定

Word2019には，色やフォント，効果など文書全体のデザインをまとめて設定できる「テーマ」という機能がある。作成した文書のテーマを変更することによって，一気に見栄えが変わり，文書全体のイメージを変えることができる。ただし，テーマを適用するには，テーマの色やフォントを使用していることが必要となるので，文字列にテーマの色以外を選択すると，テーマを変更してもその色には適用されない。ここでは，作成済みの「クリスマス2」の文書のテーマを変更してみよう。

テーマ

① 「クリスマス2」の文書を開き，[デザイン]-(テーマ)をクリックすると，組み込まれたテンプレートの一覧が表示される。マウスポインターを移動させるとテーマに合わせて文書の色やフォントがプレビューされるので，ここでは「クォータブル」を選択する。

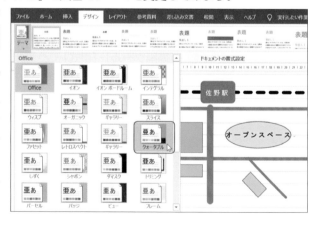

[テーマの色] から選択した色は自動的に変更されるが，[標準の色] から選択した色は変更されない。

② 文書の色やフォント，効果などが自動的に変更される。

5 図形のグループ化

複数の図形をまとめて1つの図形のように扱うと，移動やサイズの変更をまとめて行うことができる点で便利である。

① 「クリスマス2」の文書を開き，地図をクリックすると描画キャンバスが表示される。

選択

② ［ホーム］-🔽（選択）をクリックすると，プルダウンメニューが表示されるので，（すべて選択(<u>A</u>)）をクリックする。

③ 描画キャンバス内にある図形すべてが選択される。

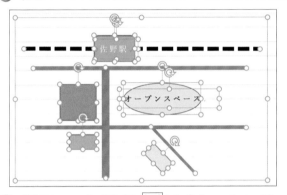

**オブジェクトの
グループ化**

④ ［描画ツール］-［書式］-（オブジェクトのグループ化）をクリックすると，プルダウンメニューが表示されるので，（グループ化(<u>G</u>)）を選択する。

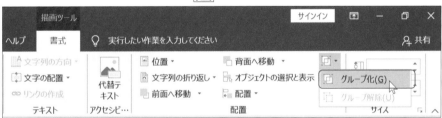

グループ化すること
で地図全体を１つの
画像として扱うこと
ができる。

⑤ 複数の図形が1つの図形にグループ化された。

グループ化を解除す
る場合は，グループ
化された図形を選択
し④で（グルー
プ解除 (<u>U</u>)）を選択
する。

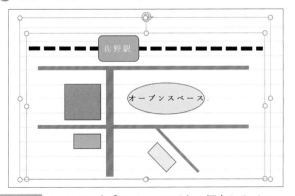

練習 36　ファイル名「クリスマス3」で保存しなさい。

5　図形描画　**109**

6 インク機能

Word2019では**インク機能**が追加され，蛍光ペンのように文字を強調したり，鉛筆やペンで手書き文字を入力したりすることができる。

◆◆◆◆◆◆◆ 描画タブの表示

デバイスがタッチ機能に対応していない場合は，[**描画**]タブが表示されないので，まず[**描画**]タブを表示させよう。

デバイスがタッチ対応の場合は[**描画**]タブは自動的に表示される。

① [**ファイル**]-[**オプション**]をクリックすると[**Wordのオプション**]ダイアログボックスが表示されるので，左側から[**リボンのユーザー設定**]を選択する。右側の画面が切り替わるので，[**リボンのユーザー設定**]の下にあるプルダウンメニューから[**メインタブ**]を選択し，その下の[**メインタブ**]項目の[**描画**]にチェックを入れ，[OK]をクリックする。

② [**描画**]タブが表示される。

◆◆◆◆◆◆◆ インクの種類と設定方法

インクの種類からペンを選択し，太さや色を変えて手書きで描画をしてみよう。

① 練習36で保存したファイル「クリスマス3」を開く。

ペンを選ぶと自動的に（描画）がオンになるが，オフのままの場合もあるので，その時は を クリックする。他の操作をするときはオフにする。

② [**描画**]をクリックすると，ペンメニューが表示されるので，「蛍光ペン」を選択する。

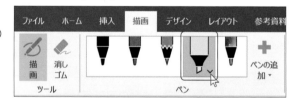

蛍光ペンの太さは2，4，6，8，10mmの5種類からの選択となる。

③ もう一度，選択した「蛍光ペン」をクリックすると，太さや色の選択画面が表示されるので，ここでは太さを左から2番目の「4mm」，色は「ローズ」を選択する。

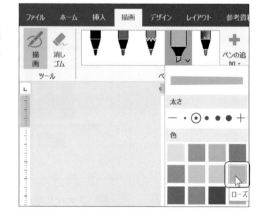

④ 「蛍光ペン」で塗りたい文字列をマウスでドラッグしながらなぞる。ここでは「OYAJI-JAZZ　BAND」の文字を蛍光ペンで塗る。

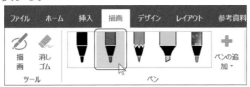

今年は私たち「OYAJI－JAZZ　BAND」結成後、初めて迎えるクリスマスです。日ごろ私たちを応援してくださっている皆さまに感

⑤ 次に，イラストの下に手書き文字を挿入しよう。ペンメニューから「ペン」を選択する。

ペンの太さは 0.25,
0.5, 1, 2, 3.5mm
の 5 種類からの選
択となる。

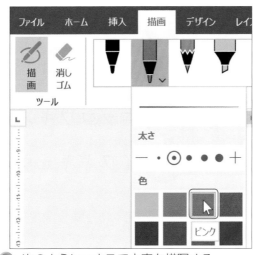

⑥ もう一度，選択した「ペン」をクリックすると，太さや色，文字飾りの選択画面が表示されるので，ここでは太さを左から2番目の「0.5mm」，色は「ピンク」を選択する。

ペンで書きこんだ文
字をクリックすると
周囲に□が現れ選択
できる。移動や削除
もでき，画像と同様
に扱うことができる。

⑦ 次のようにマウスで文字を描写する。

だきたく、ご案内申し上げます。どうぞご家族
お揃いで、お気軽にお出かけください。

日時　１２月２５日（火）　午後６：００～
会場　佐野駅前　交流広場オープンスペース
地図

参考◆消しゴム……描画した文字等を削除したい場合に選択する。マウスポインターが消しゴム表示になるので，消したい手書き文字の上でクリックすると，描画した文字が消える。

練習37　次の設定を行い，ファイル名「クリスマスコンサート案内状2」で保存しなさい。
(1)例題10の地図上の交差点に信号の ● を[描画]-ペン：黒，2mmで描画しなさい。
(2)問い合わせ先をテキストボックスで描画し，例題10を完成させなさい。
　　（文字サイズ：12pt，塗りつぶしの色：緑、アクセント6、黒＋基本色50％）

6 スマートアート

スマートアートとは，情報を視覚的に表現したもので，リストや組織図などのデザインプレートが数多く用意されている。簡単に美しい図表を作成することができ，またその図表のレイアウトやデザインを自由に変更できる。ここでは，高山植物の画像を使用して図を作成してみよう。

鳥海山の高山植物 例題11

1行40字・1ページ36行に書式を設定して，次のような写真入りの文書を作成してみよう。 （ファイル名「鳥海山の高山植物」）

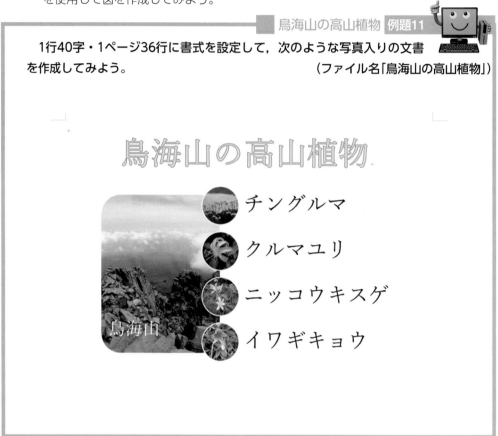

1 スマートアートの挿入

この章では，これ以降ルーラーとグリッド線を表示させる。

スマートアート挿入機能を使って，鳥海山の高山植物を提示するプレートを挿入してみよう。

① 図を挿入したい位置（1行1列）にカーソルを置き，**[挿入]**-**(SmartArt)** をクリックする。

SmartArt

② [**SmartArtグラフィックの選択**]ダイアログボックスが表示されるので 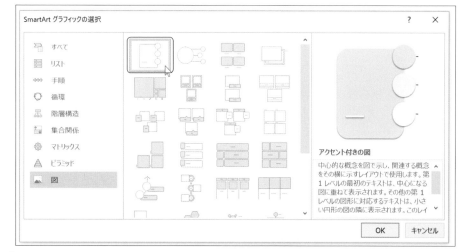 (図) を選択し，ここでは上の段の左から1番目の「アクセント付きの図」を選択する。

図

テンプレートで，画像と文字を同時に表示，編集できる。

③ [OK]をクリックすると，デザインプレートが表示される。

2 スマートアートの編集

◆◆◆◆◆◆ 画像の入力

デザインプレートの左にテキストウィンドウが表示される場合がある。

① デザインプレートのメインの画像を挿入するため，入力エリア真ん中の画像をクリックする。

テキストウィンドウを閉じる場合は，右上の ✖ をクリックする。

② [**図の挿入**]ダイアログボックスが表示されるので，ここでは，「ファイルから」を選択する。

挿入する画像は実教出版ホームページよりダウンロードできる。

③ [**図の挿入**]ダイアログボックスが表示されるので，ここでは，「山頂から秋田県側の風景」を選択する。

4章

6 スマートアート 113

④ 挿入(S)をクリックすると，「山頂から秋田県側の風景」の画像が挿入される。

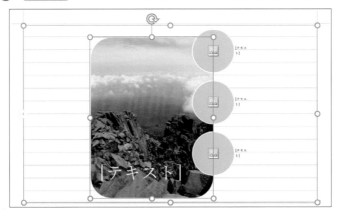

練習 38 デザインプレートの小さい丸囲みの中に，ダウンロードしたファイルから1
番上に「チングルマ」，2番目に「ニッコウキスゲ」，3番目に「イワギキョウ」の画像
をそれぞれ挿入しなさい。（P.112例題11を参照すること）

◆◆◆◆◆◆◆文字の入力

① デザインプレート左側の 〈 をクリックすると，テキストウィンドウが表示され
る。テキストウィンドウの1行目，挿入した画像の右側をクリックし，文字を入力
する。ここでは，「鳥海山」と入力する。

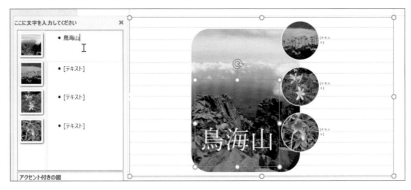

ツールバーが表示さ
れないときは，右ク
リックするとよい。

② 文字サイズが大きいので，「鳥海山」を反転させ，右上に表示されるツールバーの
フォントサイズボックス右の ▼ をクリックし，フォントサイズを「20」に変更する。

③ テキストウィンドウの2行目をクリックし，文章入力と同じように[ホーム]から
フォントサイズボックスを表示させ，右の ▼ をクリックしてフォントサイズを
「24」に設定する。

④ 2行目を再度クリックし，「チングルマ」と文字を入力する。

デザインプレートか
らも入力できる。

練習39 3行目に「ニッコウキスゲ」，4行名に「イワギキョウ」の文字を入力しなさ
い。ただし，フォントサイズは「24」とする。また，ファイル名「鳥海山の高山植
物」で保存しなさい。

◆◆◆◆◆◆◆ **デザインプレートの編集**

① デザインプレートのチングルマの画像の上でクリックす
ると，外枠に ○ が表示される。

4章

図形の追加
[+]

② [SmartArtツール]-[デザイン]- + (図形の追加)をクリックする。

③ 「チングルマ」の下に新しいデザインプレートが1行追加された。同時にテキス
トウィンドウにも新しい行が追加された。

テキストウィンドウの
「チングルマ」後ろ
で，改行キーを押す
と③同様に下に新
しい行が追加される。
Back Space を
押すと追加された行
が削除される。

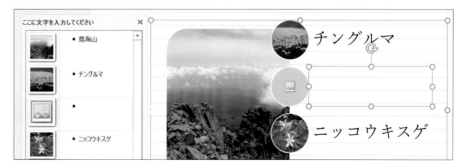

練習40 追加された行に，画像の挿入で「クルマユリ」の画像を表示させなさい。
文字入力は「クルマユリ」，フォントサイズは「24」とする。

◆◆◆◆◆◆◆ サイズの変更

① テンプレートの右下にマウスポインターを移動させ，マウスポインターが ⬉ の
状態になったところで，左上にドラッグする。

② 指をはなすとテンプレート全体が縮小される。

◆◆◆◆◆◆◆ プレートの移動

① プレートの外枠が表示されている状態で， 🔲 **(レイアウトオプション)** の文字列
の折り返しで 🔲 **(四角形)** を選択する。

② レイアウトオプションを閉じ，プレートの外枠上でマウスポインターが 🔲 の状
態になった時ドラッグすると，プレートを自由に移動させることができる。

練習 41 「鳥海山の高山植物」のタイトルをワードアートを使って作成し，P.112の
例題11を完成させなさい。ただし，ワードアートは「塗りつぶし：オレンジ，アク
セントカラー2；輪郭：オレンジ，アクセントカラー2」を選択すること。

練習 42 ファイル名「鳥海山の高山植物」で上書き保存しなさい。

文書にアクセントを付けてみよう。ここでは，ダウンロードした文書をもとに，段組みやドロップキャップ，ページ罫線を設定してみよう。

保健だより2 例題12

実教出版ホームページよりダウンロードしたデータ，ファイル名「保健だより1」の文書を呼び出し，次のような保健だよりを作成してみよう。

（ファイル名「保健だより2」）

保健だより※１１月号※

今月の目標

目指せ！歯磨き名人！

１１月８日は「いい歯の日」です。毎食後歯磨きをしていたとしても、間食が多くて、歯磨きがおろそかになってはいませんか？いつでも手軽に食べ物や飲み物が手に入るのはいいのですが、お菓子やジュースで口の中が汚れたままになっている方をよく見かけます。虫歯になって痛い思いをしますか？歯周病になって歯を失いたいですか？

虫歯も歯周病も怖い！

虫歯について：虫歯の原因となるミュータンス菌が甘いものなどの食べカスを食べて増殖し、歯の表面にプラーク（歯垢）をつくります。プラークが付着したままであれば、やがて酸が産出され、この酸によって歯のエナメル質が溶け始めます。この状態が第一度で、まだ痛みはありません。第二度になりますとエナメル質の下の象牙質にまで虫歯が進みます。ここには神経があるので、冷たいものがしみるようになります。第三度は更に内部の歯髄にまで虫歯が進み、激しい痛みを感じるようになります。第四度は歯根だけの状態となり、歯を抜かなければなりません。

歯周病について：歯と歯ぐきの間にプラークがたまると、ここに住む歯周病の原因菌が、食べ物のカスや唾液に含まれるタンパク質を食べて増殖します。最初は歯ぐきが時々腫れたり、赤く充血したり、歯を磨いているときに少し血が出たりする歯肉炎の状態です。初期歯周炎の状態になりますと、歯と歯ぐきの間に隙間（歯周ポケット）ができますが、まだ痛みはありません。正しいブラッシングをすれば治ります。中期歯周炎になりますと、歯ぐきがブヨブヨする、口臭、堅いものがかみにくいなどの症状が現れ、専門的な治療が必要です。後期歯周炎では歯槽骨（歯の土台の部分）がほとんど無くなり、歯がグラグラして、最後には抜け落ちてしまいます。なんとも恐ろしいことです。

歯磨き＋定期検診であなたは大丈夫！

虫歯になりやすいところはよく磨きましょう。歯と歯の間は９０°の角度に、歯と歯ぐきの境目は４５°の角度に、奥歯の噛み合わせは歯の溝に歯ブラシを当てて左右に細かく動かします。１日３回食後は必ず歯磨きをしましょう。

歯磨きだけでは落ちない汚れもあります。半年に１回は定期検診に行って、汚れを落としてもらいましょう。治療より予防が楽です。

4章

1 段組み

これまで作成してきた文章はすべて1段組みであるが，2段組みにすると，横書き文章であれば左右2段に分かれ，縦書き文章であれば上下2段に分かれる。

この章では，ルーラーとグリッド線を表示している（P.96参照）。

① ホームページよりダウンロードしたファイル「保健だより1」を読み込む。

② 文字サイズを変更する。ここでは，1行目のタイトルを22pt，「今月の目標」を12pt，それぞれの見出しの文字を16ptとする。

③ 2段組みにしたい領域をドラッグする。

虫歯も歯周病も怖い！

虫歯について：虫歯の原因となるミュータンス菌が甘いものなどの食べカスを食べて増殖し、歯の表面にプラーク（歯垢）をつくります。プラークが付着したままであれば、やがて酸が産出され、この酸によって歯のエナメル質が溶け始めます。この状態が第一度で、まだ痛みはありません。第二度になりますとエナメル質の下の象牙質にまで虫歯が進みます。ここには神経があるので、冷たいものがしみるようになります。第三度は更に内部の歯髄にまで虫歯が進み、激しい痛みを感じるようになります。第四度は歯根だけの状態となり、歯を抜かなければなりません。

歯周病について：歯と歯ぐきの間にプラークがたまると、ここに住む歯周病の原因菌が、食べ物のカスや唾液に含まれるタンパク質を食べて増殖します。最初は歯ぐきが時々腫れたり、赤く充血したり、歯を磨いているときに少し血が出たりする歯肉炎の状態です。初期歯周炎の状態になりますと、歯と歯ぐきの間に隙間（歯周ポケット）ができますが、まだ痛みはありません。正しいブラッシングをすれば治ります。中期歯周炎になりますと、歯ぐきがブヨブヨする、口臭、堅いものがかみにくいなどの症状が現れ、専門的な治療が必要です。後期歯周炎では歯槽骨（歯の土台の部分）がほとんど無くなり、歯がグラグラして、最後には抜け落ちてしまいます。なんとも恐ろしいことです。

段組み

④ ［レイアウト］－▤（段組み）－▤［段組みの詳細設定（C）］をクリックする。

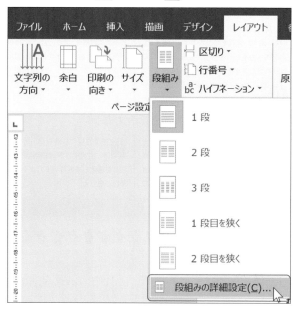

⑤ [段組み]ダイアログボックスが表示されるので，[種類]は[2段(W)]をクリックし，[境界線を引く(B)]にチェックを入れる。

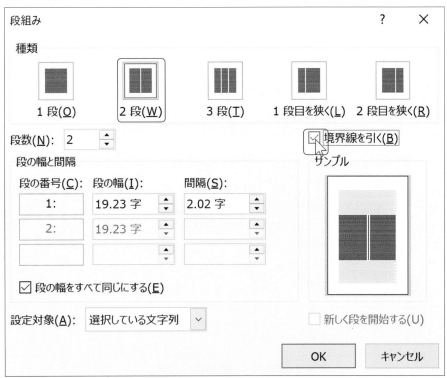

⑥ [OK]をクリックすると，2段組みに変更され，間に境界線が引かれる。

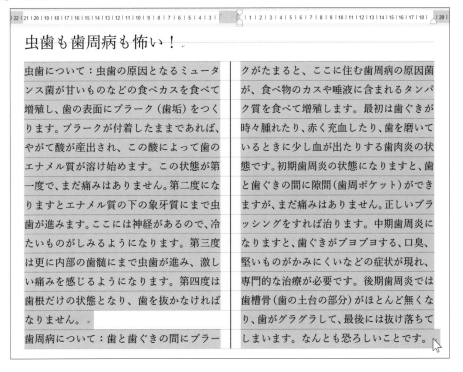

虫歯も歯周病も怖い！

虫歯について：虫歯の原因となるミュータンス菌が甘いものなどの食べカスを食べて増殖し，歯の表面にプラーク（歯垢）をつくります。プラークが付着したままであれば，やがて酸が産出され，この酸によって歯のエナメル質が溶け始めます。この状態が第一度で，まだ痛みはありません。第二度になりますとエナメル質の下の象牙質にまで虫歯が進みます。ここには神経があるので，冷たいものがしみるようになります。第三度は更に内部の歯髄にまで虫歯が進み，激しい痛みを感じるようになります。第四度は歯根だけの状態となり，歯を抜かなければなりません。
歯周病について：歯と歯ぐきの間にプラークがたまると，ここに住む歯周病の原因菌が，食べ物のカスや唾液に含まれるタンパク質を食べて増殖します。最初は歯ぐきが時々腫れたり，赤く充血したり，歯を磨いているときに少し血が出たりする歯肉炎の状態です。初期歯周炎の状態になりますと，歯と歯ぐきの間に隙間（歯周ポケット）ができますが，まだ痛みはありません。正しいブラッシングをすれば治ります。中期歯周炎になりますと，歯ぐきがブヨブヨする，口臭，堅いものがかみにくいなどの症状が現れ，専門的な治療が必要です。後期歯周炎では歯槽骨（歯の土台の部分）がほとんど無くなり，歯がグラグラして，最後には抜け落ちてしまいます。なんとも恐ろしいことです。

練習 43 「虫歯になりやすいところ…」から「…治療より予防が楽です。」までを2段組みの境界線付きにして，ファイル名「保健だより2」で保存しなさい。

2 ドロップキャップ

ここでは，指定した段落の行頭の文字だけ大きくするドロップキャップの設定方法を説明する。

① 「虫歯について：〜」の「虫」の左側にカーソルを合わせる。

> ## 虫歯も歯周病も怖い！
>
> | 虫歯について：虫歯の原因となるミュータ ンス菌が甘いものなどの食べカスを食べて | クがたまると、ここに住む歯周病の原因菌 が、食べ物のカスや唾液に含まれるタンパ |
> | --- | --- |

ドロップキャップ
![A]

② [挿入]--![A][ドロップキャップのオプション(D)]をクリックする。

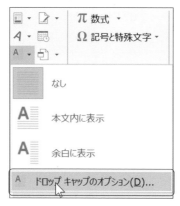

③ [ドロップキャップ]ダイアログボックスが表示されるので，[位置]は[本文内に表示(D)]をクリックし，[オプション]の[ドロップする行数(L)]を「2」にしてからOKをクリックする。

④ 「虫」がドロップキャップされる。

ドロップキャップされると同時に「虫」が点線で囲まれるが，他の場所をクリックすると点線は消える。

> ## 虫歯も歯周病も怖い！
>
> | **虫** 歯について：虫歯の原因となるミュー タンス菌が甘いものなどの食べカス を食べて増殖し、歯の表面にプラーク（歯 | クがたまると、ここに住む歯周病の原因菌 が、食べ物のカスや唾液に含まれるタンパ ク質を食べて増殖します。最初は歯ぐきが |
> | --- | --- |

練習44 その他の行頭の文字について，ドロップする行数を「2」としてドロップキャップを設定し，ファイル名「保健だより2」で上書き保存しなさい。

3 ページ罫線

　ページの周囲に引く罫線のことをページ罫線と呼ぶ。ページ罫線は，ページ全体を普通の罫線だけではなく，絵柄の罫線で囲むことができる。

① [ホーム]－□（罫線）右の▼－□[線種とページ罫線と網かけの設定(O)]をクリックする。

② [ページ罫線]をクリックし，[種類]の[囲む(X)]を選択する。[絵柄(R)]の▼をクリックし，目的の絵柄を選択する。ここでは，以下のように人の絵柄を選択する。

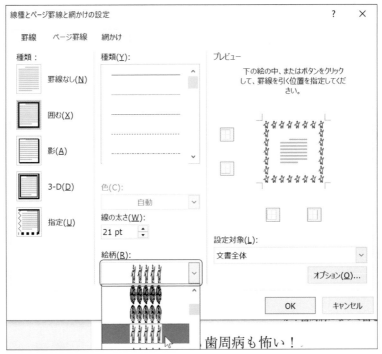

③ [OK]をクリックすると，例題12のようにページ罫線が表示される。

練習45　ページ罫線の設定をいろいろ変えてみよう。
練習46　例題12のページ罫線を表示させ，ファイル名「保健だより2」で上書き保存しなさい。

次の文章を入力し，タイトルはワードアートで作成し，画像「日本の春」，「松山城」，「城から見た景色」を挿入しなさい。また，表の罫線は[挿入]-[図形]-「線」を用いて，太さ「1pt」で描画しなさい。文書は[デザイン]-[テーマ]-「イオン」に設定すること。完成した文書は，印刷・保存しなさい。

（書式設定：A4縦・1行30字・1ページ30行・ファイル名「城巡りツアー」）

前回の城巡りツアーに、沢山のご応募ありがとうございました。今回の『城』はどこかわかりますか？答えは裏面をご覧ください。私たちが当時の時代にご案内致します。一緒にタイムスリップしましょう。

	開 催 日	時 間
第1回	2月 9日（日）	10：00～11：30
第2回	2月16日（日）	13：30～15：00
第3回	3月 2日（日）	10：00～11：30
第4回	3月 9日（日）	10：00～11：30

● 費用：無料
● 定員：各回40名程度

● 申し込み方法・詳細は裏面へ	◆ 城巡り実行委員会 ◆

実習 15 スマートアート機能の[リスト]-「縦方向画像リスト」を使って，次の文書を作成しなさい。タイトルはワードアートで作成し，画像「ロサンゼルス」，「ケルン大聖堂」，「ニュージーランド」，「デンマークコペンハーゲン」を挿入しなさい。文書は[デザイン]-[テーマ]-「ダマスク」に設定すること。完成した文書は，印刷・保存しなさい。

（書式設定：A4縦・1行30字・1ページ36行・ファイル名「想い出紀行」）

学生限定・海外想い出紀行
特別企画

アメリカ・ロサンゼルス近郊8日間
- ￥189,000
- ユニバーサル　ハリウッド　ディズニーランド

ヨーロッパ　ドイツ・フランス10日間
- ￥185,000
- ロマンチック街道　世界遺産紀行

ニュージーランド6日間
- ￥255,000
- クイーンズタウン　マウントクック

北欧4か国よくばり周遊の旅8日間
- ￥298,000
- おとぎの国デンマーク　フィヨルド絶景

卒業旅行にぜひ
おすすめです

東京・大阪・名古屋発
※詳しくはJSビル3Fの
　JSツアーズ店頭まで

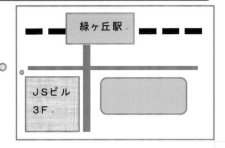

緑ヶ丘駅

JSビル
3F

5章 Word の応用

Word にはさまざまな機能がある。この章では覚えておくと便利な「はがき作成」「差し込み印刷」「Excel グラフの挿入」を学習する。

1 はがき作成

年賀状，暑中見舞い，招待状など，同一の文面のはがきを宛名だけかえて作成することがある。ここでは年賀状を例に，多くの枚数のはがきを簡単に作成する方法を学習する。

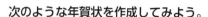

次のような年賀状を作成してみよう。

（ファイル名　文面：「年賀文面」，宛名：「年賀宛名」）

1 文面の作成

文面とは，相手に伝えたい内容を書いた面のことで，はがきの裏面にあたる。

① [差し込み文書]－ (はがき印刷)－ [文面の作成(D)]をクリックする。

はがき印刷

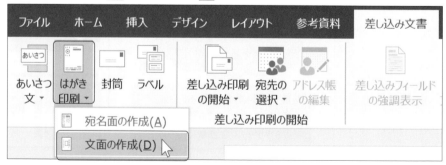

② [はがき文面印刷ウィザード]が起動するので， 次へ(N) をクリックする。
③ [年賀状(Y)]を選択して， 次へ(N) をクリックする。

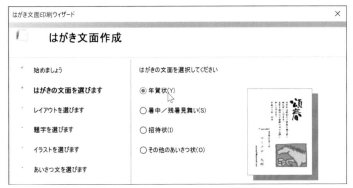

④ 次のようにレイアウトを選択して，次へ(N)をクリックする。

⑤ 次のように題字を選択して，次へ(N)をクリックする。

⑥ 次のようにイラストを選択して，次へ(N)をクリックする。

9月1日以降になる
と，次の年に該当す
る干支のイラストが
自動的に表示される。

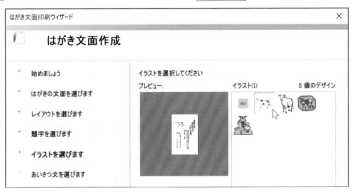

⑦ 次のようにあいさつ文，年号を選択して，[次へ(N)]をクリックする。

住所の数字を半角で
入力すると，縦書き
で出力したときに漢
数字に変換される。

⑧ 差出人情報を入力する。住所の数字は半角で入力し，[次へ(N)]をクリックする。

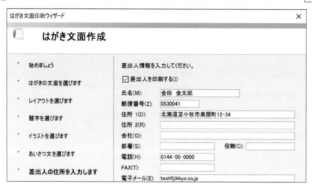

⑨ [完了(F)]をクリックすると，はがき文面(例題13の左側)が表示される。

⑩ ファイル名「年賀文面」で保存する。

⑪ 年賀はがきをプリンターにセットして，[ファイル]-[印刷]とクリックし，設定が[すべてのページを印刷]または[現在のページを印刷]になっていることを確認してから，必要部数を指定して[印刷]ボタンをクリックすると，印刷が始まる。

練習47 他のレイアウト，題字，イラスト，あいさつ文を使って年賀状の文面を作成し，ファイル名「年賀文面2」で保存しなさい。

2 宛名面の作成

宛名面とは，宛先を書いた面のことで，はがきの表面にあたる。

はがき印刷

① [差し込み文書]-(はがき印刷)-[宛名面の作成(A)]とクリックし，[はがき宛名面印刷ウィザード]を起動して，[次へ(N)]をクリックする。

② [年賀／暑中見舞い(Y)]を選択して，[次へ(N)]をクリックする。

③ [縦書き(V)]を選択して，[次へ(N)]をクリックする。

④ フォントに「HG正楷書体-PRO」を選択して，次へ(N)をクリックする。

⑤ 差出人情報はすでに入力されているはずなので，更に次へ(N)をクリックする。

標準の住所録

Address20 という
Word ファイルが「マ
イドキュメント」の
「My Data Sources」
に作成される。

⑥ [標準の住所録ファイル(M)]を選択し，[ファイルの種類(T)]に「Microsoft
Word」を指定し，次へ(N)をクリックする。

⑦ 完了(F)をクリックすると，宛名の差し込まれていない宛名面が表示される。

アドレス帳の編集

⑧ [差し込み文書]-（アドレス帳の編集）をクリックする。

5
章

⑨ [差し込み印刷の宛先]ダイアログボックスが表示されるので，データソースを選
択してから，編集(E)をクリックする。

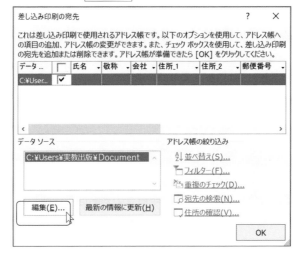

⑩ [データフォーム]ダイアログボックスが表示されるので，次のように入力してから レコードの追加(A) をクリックする。

⑪ 同様に「大塚　茂生」，郵便番号に「0100921」。住所_1に「秋田県秋田市大町67-89」と入力してから レコードの追加(A) をクリックし， 閉じる をクリックする。

⑫ [差し込み印刷の宛先]ダイアログボックスに戻るので OK をクリックすると，宛名の差し込まれた宛名面（例題13の右側）が表示される。

次のレコード
▶

前のレコード
◀

⑬ ▶(次のレコード)や ◀(前のレコード)をクリックすると，宛名を確認することができる。

表示中のはがき印刷
[ファイル]－[印刷]
にすると，画面に表示中のはがきのみが印刷される。

⑭ 印刷は，[差し込み文書]－🖅(完了と差し込み)－🖨[文書の印刷(P)]をクリックする。

⑮ [プリンターに差し込み]ダイアログボックスが表示されるので，ここで[すべて(A)]を選択し， OK をクリックする。

⑯ ファイル名「年賀宛名」で保存する。次のように表示された場合は はい(Y) をクリックして標準の住所録ファイルを保存する。

練習48　ほかの様式，フォントで年賀状の宛名面を作成し，「年賀宛名2」で保存しなさい。

3 完成した文面の編集 (1)

[はがき文面印刷ウィザード]を使えば，あらかじめ用意されていた題字とイラストとあいさつ文を選択するだけで標準的な文面を作成することができた。ここでは，文面完成後にほかの種類の題字などに変更する方法を学習する。

① ファイル名「年賀文面」を開く。

デザインの変更

② [はがき文面印刷] – [デザインの変更]とクリックすると，[デザインの変更 – はがき文面印刷]ダイアログボックスが開く。

③ [題字]タブをクリックし，好きな題字を選択して $\boxed{置換(R)}$ をクリックすると，はがきの題字を変更できる。

変更の確認
$\boxed{閉じる(C)}$ をクリックする

④ [イラスト]や[あいさつ文]をクリックすれば，イラストやあいさつ文についても題字と同様に変更できる。

練習49 **題字，イラスト，あいさつ文，年号表記を次のように変更して，ファイル名「年賀文面3」で保存しなさい。**

  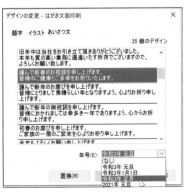

4　完成した文面の編集（2）

　　あいさつやイラスト文をあらかじめ用意されたものではなく，全く新しいものにすることができる。

① ファイル名「年賀文面」を開く。

② ［はがき文面印刷］－　［デザインの変更］とクリックすると，［デザインの変更−はがき文面印刷］ダイアログボックスが開く。ここであいさつ文とイラストを「なし」にする。

③ あいさつ文の部分をクリックするとテキストボックスが現れるので，次のようにあいさつ文を直接入力する。

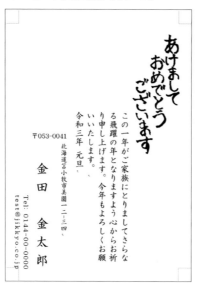

④ 実教出版ホームページより，ファイル名「丑年」の画像をダウンロードし挿入する。サイズを変更し，図のスタイルは楕円，ぼかしを選択する。ファイル名「年賀文面4」で保存する。

参考◆[はがき宛名面印刷]タブと[はがき文面印刷]タブ……差し込み文書のはがき印刷で，宛名面の作成が完了するか，保存されているはがき宛名面を開くと**[はがき宛名面印刷]**タブが表示される。はがき文面も，作成が完了するか，保存されているはがき文面を開くと**[はがき文面印刷]**タブが表示される。これをクリックするとそれぞれ以下のリボンが表示され，はがきの宛名と文面についての修正から印刷のすべてがこれらのリボンからできる。

[はがき宛名面印刷]リボン

[はがき文面印刷]リボン

実習 16　以下のような残暑見舞いの文面と普通はがきの宛名面を作成・保存しなさい。
（文面：ファイル名「残暑文面」，宛名：ファイル名「普通宛名」。標準の住所録に宛先を保存し，イラストは「はがき文面印刷ウィザード」で指定。）

2 差し込み印刷

同じ文書の一部だけを差し替えながら印刷することができる。Wordではこのような文書を**レター**と呼んでいる。住所録から封筒や葉書，宛名ラベルに住所・氏名・郵便番号を印刷したいこともある。Wordではレターや宛名書きのような文書は**差し込み文書**を使って作成する。

入社試験案内 例題14

「学校就職担当」という差し込みデータを「マイドキュメント」の「My Data Sources」の中に作成し，次のような入社試験案内の差し込み印刷をしてみよう。

（ファイル名「入社試験案内」）

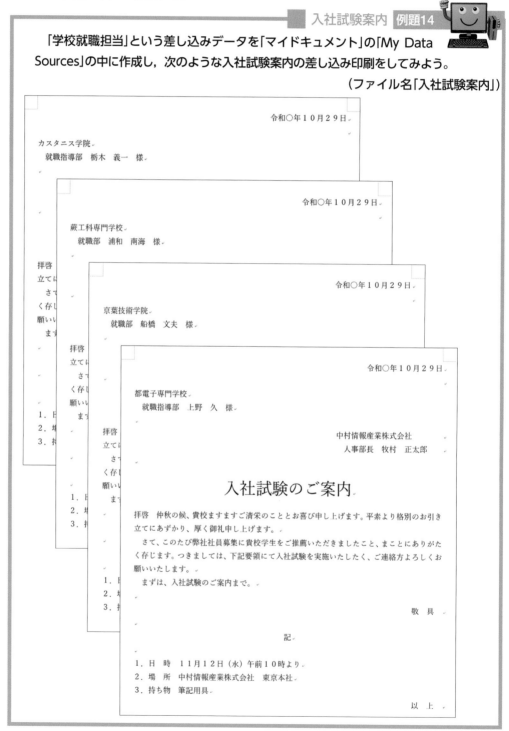

1 差し込みデータの準備

　次のような表を作成し，[My Data Sources]に「学校就職担当」というファイル名で保存しよう。行数や文字数などの書式設定は適宜行うこと。

都県	学校名	部課	氏名	前年採用数
栃木	カスタニス学院	就職指導部	栃木　義一	1
埼玉	蕨工科専門学校	就職部	浦和　南海	2
千葉	京葉技術学院	就職部	船橋　文夫	1
東京	都電子専門学校	就職指導部	上野　久	2

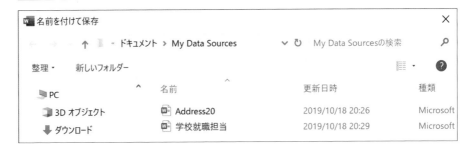

2 メイン文書の設定とデータファイルの選択

　レターを作成する場合は**メイン文書**(差し込まれる文書)をあらかじめ用意する。メイン文書を「A4縦，40字，36行」で以下のように作成し，ファイル名「入社試験案内」で保存して，作業を続けよう。

5
章

メイン文書に後で差し込みフィールドを挿入するので，「様」の前の行を1行空ける。また，「様」の前は入力しない。

令和○年１０月２９日

様

中村情報産業株式会社

人事部長　牧村　正太郎

入社試験のご案内

拝啓　仲秋の候、貴校ますますご清栄のこととお喜び申し上げます。平素より格別のお引き立てにあずかり、厚く御礼申し上げます。

　さて、このたび弊社社員募集に貴校学生をご推薦いただきましたこと、まことにありがたく存じます。つきましては、下記要領にて入社試験を実施いたしたく、ご連絡方よろしくお願いいたします。

　まずは、入社試験のご案内まで。

敬　具

記

1．日　時　１１月１２日（水）午前１０時より

2．場　所　中村情報産業株式会社　東京本社

3．持ち物　筆記用具

以　上

① [差し込み文書]-(差し込み印刷の開始)-[レター(L)]をクリックする。

② (宛先の選択)-[既存のリストを使用(E)]をクリックする。

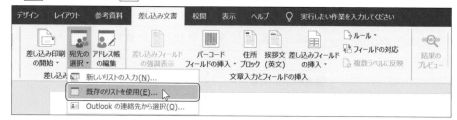

③ 「学校就職担当」を選択し，開く(O)をクリックする。

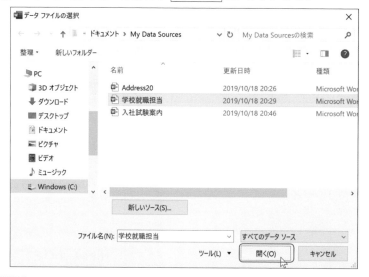

3 差し込み印刷フィールドの挿入

① 学校名を挿入するために，「様」の1つ上の行をクリックしてから，(差し込みフィールドの挿入)の▼をクリックし[学校名]を選択する。

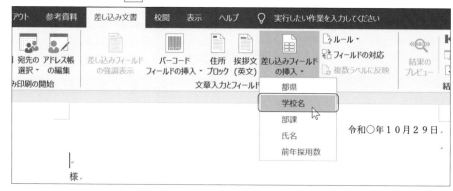

② 「様」の左側をスペース1文字空けてから，同様に  (差し込みフィールドの挿入)の ▼ をクリックし[部課]を選択する。

③ 続けて， (差し込みフィールドの挿入)の ▼ をクリックし[氏名]を選択する。

④ <<部課>>と<<氏名>>，<<氏名>>と「様」の間をそれぞれスペース1文字空ける。

2つの差し込みフィールドの間や差し込みフィールドと文字の間をクリックしてからスペースを押すと1文字分空く。

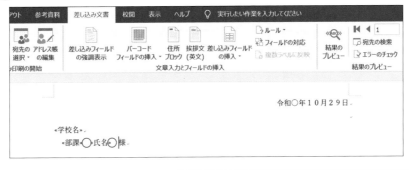

<table>
<tr><td>4</td><td>差し込んだデータの表示</td></tr>
</table>

差し込んだデータが正しく表示されるか確認しよう。

結果のプレビュー

(((ABC)))

クリックするたびに表示／非表示が切り替わる。

① (((ABC))) (結果のプレビュー)をクリックすると，データが表示される。

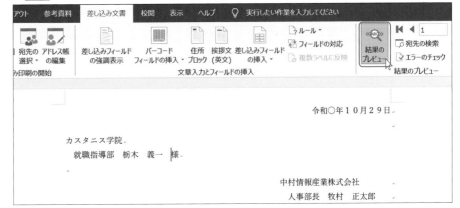

② ▶(次のレコード)◀(前のレコード)|◀(先頭のレコード)▶|(最後のレコード)をクリックすると，他のデータが表示される。（図は2件目を表示中)

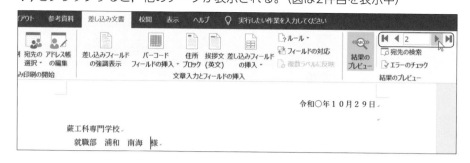

令和○年10月29日，

蕨工科専門学校，
　　就職部　浦和　南海　様，

練習50　例題14で4件目のデータを表示しなさい。

5　差し込み印刷

① ⟶(完了と差し込み)-🖶[文書の印刷(P)]をクリックする。

令和○年10月29日，

個々のドキュメントの編集(E)…
文書の印刷(P)…
電子メール メッセージの送信(S)…

② [すべて(A)]が選択されていることを確認し，OKをクリックする。

③ [印刷]ダイアログボックスが表示されるので，通常の印刷と同様に印刷する。

練習51　例題14を印刷し，レターをファイル名「入社試験案内」で上書き保存しなさい。

参考◆新規文書への差し込み……印刷する前に個々の文書を編集したい場合は⟶(完了と差し込み)-🖶[個々のドキュメントの編集(E)]をクリックする。この操作でできた文書は通常の文書と同じであり，ファイル名を付けて保存できる。また，この文書で例題のように4枚ある場合の2枚目から3枚目を印刷したいときは，[印刷]ダイアログボックスの設定でページにp1s2-p1s3と入力すればよい。

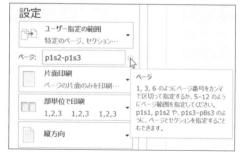

参考◆特定の条件のデータの差し込み印刷……都県が「東京」のデータだけ差し込み印刷する場合について説明する。

① [差し込み文書]-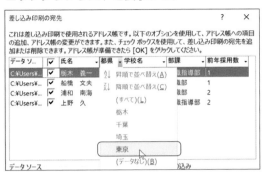(アドレス帳の編集)をクリックし，[差し込み印刷の宛先]ダイアログボックスを表示してから，列の見出し[都県]の▼をクリックし，ドロップダウンリストを表示する。

絞り込みの解除

ドロップダウンリストの [(すべて) (L)]をクリックする。

② ドロップダウンリストの「東京」をクリックするとデータが絞り込まれる。

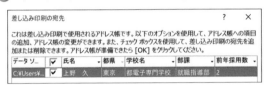

③ メイン文書に戻って，差し込み印刷を行うと「東京」のデータだけが印刷される。

参考◆データファイルの編集

① [差し込み印刷の宛先]ダイアログボックスでデータソースのファイル名をクリックしてから，[編集(E)]をクリックする。

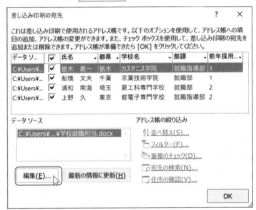

② [データフォーム]ダイアログボックスが表示されるので，データの追加・修正・削除ができる。

5章

3 グラフの挿入

Word内のグラフ機能を使い，グラフを作成して文書中に挿入しよう。

アイス販売 例題15

1行44字，1ページ36行，タイトルは22pt・太字・アンダーラインつきに設定し，次のようなグラフの入った文章を作成しよう。 （ファイル名「アイス販売」）

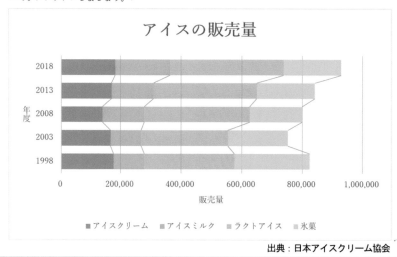

アイスを食べてリフレッシュ！

　アイスはアイスクリーム、アイスミルク、ラクトアイス、氷菓に分類されます。乳固形分と乳脂肪分の含有率の一番高いのがアイスクリームであり、風味や栄養の面で優れています。やや少ないアイスミルクでも牛乳と同じくらいの栄養分を含みます。ラクトアイスは乳固形分が３％以上で植物性脂肪が多く使われ、安くて手軽です。ガリガリ感やサクサク感が好みの方はシャーベットなどの氷菓です。日本では年間約８０万ｋＬのアイスが消費されています。あなたの好みにあったアイスでリフレッシュしましょう。

アイスの販売量

出典：日本アイスクリーム協会

1 グラフの挿入とデータの編集

① 例題15のように文章を入力し，ファイル名「アイス販売」で保存する。

グラフ

② カーソルが改行された行にあることを確認し，[挿入]-（グラフ）をクリックする。

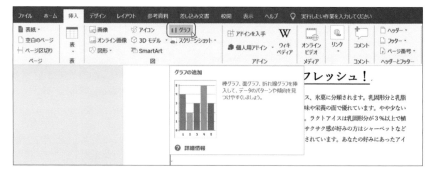

横棒

積み上げ横棒

③ (横棒)-(積み上げ横棒)をクリックし，OKをクリックする。

④ Word内のグラフが表示されるので，右下をドラッグしウインドウを広げる。

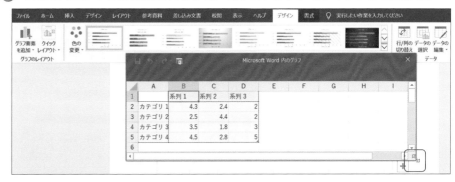

⑤ 下記のようにカテゴリにアイス種類，系列に年度を入力する。ただし，E1から
F1の順に入力しないとテーブルの自動拡張はうまく行われない。

テーブルの調整
右下に表示される
マーク▟をドラッ
グするとテーブルの
範囲を調整できる。

	A	B	C	D	E	F	G	H
1		1998	2003	2008	2013	2018		
2	アイスクリーム	4.3	2.4	2				
3	アイスミルク	2.5	4.4	2				
4	ラクトアイス	3.5	1.8	3				
5	氷菓	4.5	2.8	5				

3 グラフの挿入 139

⑥ 下記のように，販売量を各セルに入力する。

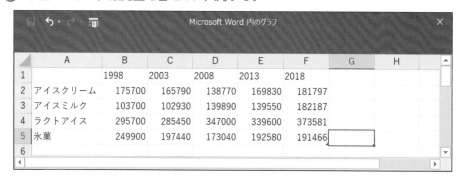

行／列の切り替え
をクリックする
たびに行と列が入れ
替わる。

⑦ ［グラフツール］-［デザイン］- (行／列の切り替え)をクリックし，年度を縦軸にする。

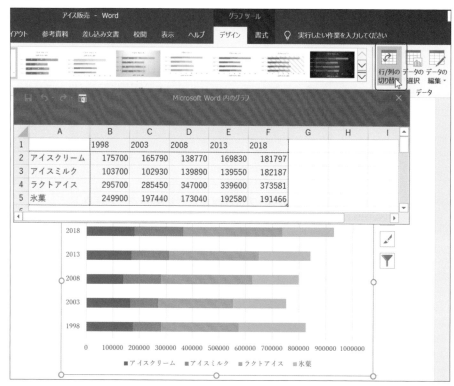

⑧ タイトルバー右上の をクリックし，Word内のグラフを閉じ，ファイル名「アイス販売」で上書き保存する。

⑨ データの編集を再開したいときは，グラフ領域を一度クリックしてから[**デザイン**]- (**データの編集**)または (**データの選択**)をクリックする。

データの編集と選択

参考◆誤って拡張したテーブルの訂正…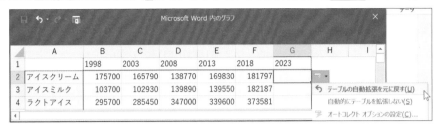[オートコレクトのオプション]-↩[テーブルの自動拡張を元に戻す(U)]をクリックし，入力した文字をDeleteしておく。

2 グラフレイアウトとグラフスタイルの変更

クイックレイアウトの中から，つくりたいグラフに近いものを選択する。

クイックレイアウト
① [グラフツール]-[デザイン]-(クイックレイアウト)-(レイアウト8)をクリックする。

表示されていない他のレイアウトを指定したい場合に☑(その他)をクリックする。

② [グラフツール]-[デザイン]をクリックし，グラフスタイル右端の☑(その他)をクリックする。

③ (スタイル9)をクリックし，グラフスタイルを変更する。

3 選択対象の書式設定

ここでは縦軸のラベルを縦書きに，横軸の値を3桁カンマ区切りにしてみる。

① グラフの左横の軸ラベルをクリックし，**[グラフツール]**-**[書式]**をクリックし，グラフ要素ボックスが**[縦(項目)軸ラベル]**になっていることを確認する。

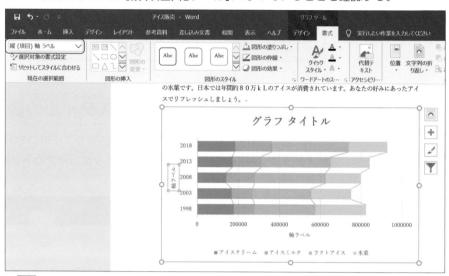

選択対象の書式設定

② 🖌️(選択対象の書式設定) をクリックし，**[軸ラベルの書式設定]**作業ウインドウを表示する。

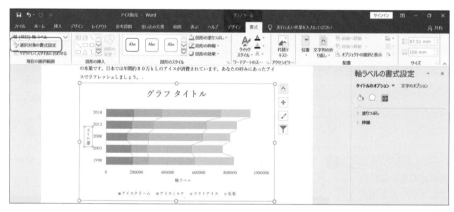

レイアウトと プロパティー

③ 作業ウインドウの 📐(レイアウトとプロパティー)をクリックし，**[配置]**-**[文字列の方向(X)]**ボックスの右端 ▼ をクリックして，プルダウンメニューから 📝 (縦書き)を選択する。

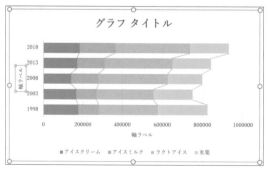

④ [配置]以下の詳細が折りたたまれている場合は，[配置]をクリックし詳細を表示する。[配置]はクリックする度に表示と非表示が切り替わる。

⑤ グラフ左側の軸ラベルにマウスポインターを移動し ⊢⊣ に変わっていることを確認して，全体をドラッグする。「年度」と入力してから，グラフエリアをクリックして確定する。

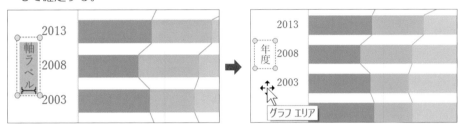

⑥ グラフの下方の[横(軸)値]をクリックしてから，[グラフツール]-[書式]をクリックし，グラフ要素ボックスが[横(軸)値]になっていることを確認する。

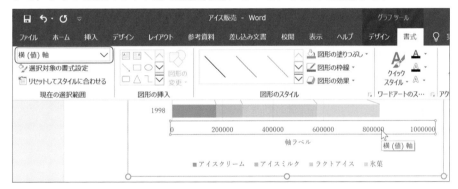

⑦ [軸の書式設定]作業ウィンドウの[軸のオプション]をクリックする(以下の図はすべての詳細が折りたたまれている状態)。

⑧ [表示形式]以下の詳細が折りたたまれている状態であれば，[表示形式]をクリックして詳細を表示しておく。[カテゴリ(C)]ボックスの右端▼をクリックして，ドロップダウンリストから，[数値]を選択する。

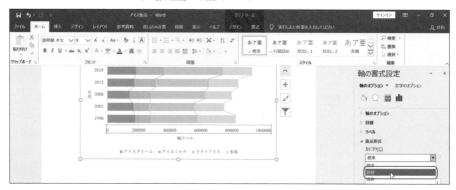

⑨ [桁区切り(,)を使用する(U)]にチェックが入っていることを確認し，[軸の書式設定]作業ウインドウの右上の❌をクリックして閉じる。

━━━ 練習52 ━━━ 横軸のラベルを「販売量」，グラフタイトルを「アイスの販売量」として例題15を完成し，ファイル名「アイス販売」で上書き保存しなさい。

参考◆グラフ各部の名称

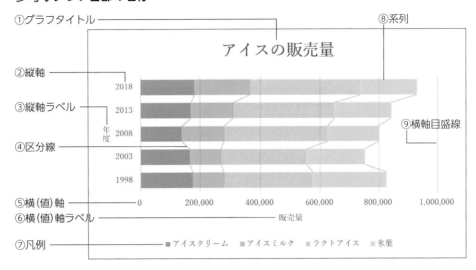

①グラフタイトル
②縦軸
③縦軸ラベル
④区分線
⑤横（値）軸
⑥横（値）軸ラベル
⑦凡例
⑧系列
⑨横軸目盛線

参考◆その他のグラフについて……Word2019で利用できるグラフは17種類もある。それぞれのグラフを用途に応じて使いわけよう。

◆レーダー

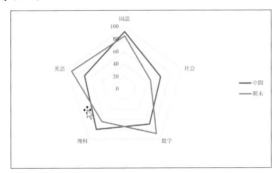

	A	B	C
1		中間	期末
2	国語	92	85
3	社会	63	45
4	数学	70	89
5	理科	80	65
6	英語	70	93

◆100%積み上げ横棒

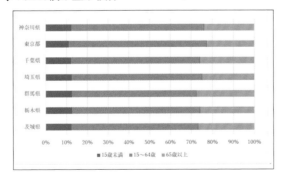

	A	B	C	D
1		15歳未満	15〜64歳	65歳以上
2	茨城県	366	1,771	780
3	栃木県	253	1,210	511
4	群馬県	251	1,176	545
5	埼玉県	914	4,549	1,804
6	千葉県	768	3,844	1,611
7	東京都	1,523	8,926	3,066
8	神奈川県	1,145	5,803	2,178

出典：政府統計の総合窓口（e-Stat）（https://www.e-stat.go.jp/）

以下のような，データファイルと礼状（差し込み印刷）を作成・保存しなさい。
（データファイル：ファイル名「礼状一覧」，礼状：ファイル名「礼状本文」，書式設定：
はがき100×148mm縦・横書き。その他フォントサイズやページ設定等は適宜行う。）

＜データファイル＞

会社名	役職	氏名
株式会社栄養バランス	代表取締役社長	赤城　健
株式会社ウエルネス・フーズ	食品事業部長	緑川　康史
ことぶき元気株式会社	営業本部長	青田　保

＜礼状＞

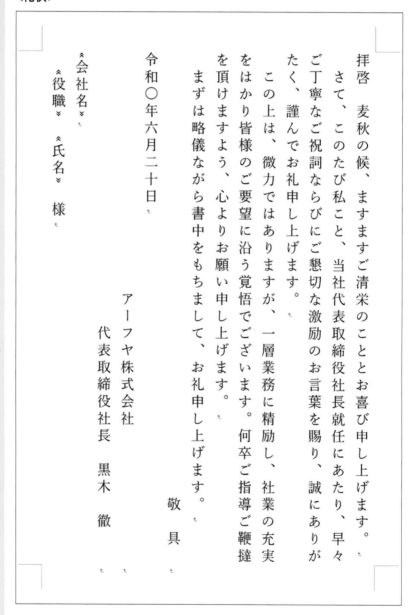

拝啓　麦秋の候、ますますご清栄のこととお喜び申し上げます。
さて、このたび私こと、当社代表取締役社長就任にあたり、早々ご丁寧なご祝詞ならびにご懇切な激励のお言葉を賜り、誠にありがたく、謹んでお礼申し上げます。
この上は、微力ではありますが、一層業務に精励し、社業の充実をはかり皆様のご要望に沿う覚悟でございます。何卒ご指導ご鞭撻を頂けますよう、心よりお願い申し上げます。
まずは略儀ながら書中をもちまして、お礼申し上げます。

敬具

令和〇年六月二十日

アーフヤ株式会社
代表取締役社長　黒木　徹

《会社名》
《役職》　《氏名》　様

5章

実習　18　以下のような，データファイルと賞状(差し込み印刷)を作成・保存しなさい。
(データファイル：ファイル名「ボウリング大会」，賞状：ファイル名「ボウリング賞状」，書式設定：A4横・縦書き。その他フォントサイズやページ設定等は適宜行う。)

<データファイル>

成績	受賞者
優　勝	青野　初枝
準優勝	赤井　志乃
第三位	黄楊　貫一

<賞状>

ヒント　・ページ罫線の色はゴールドで以下の絵柄を使う。

色(C):

線の太さ(W):

31 pt

絵柄(R):

5章

次のデータを使用してグラフを作成・保存しなさい。
（ファイル名「アイスクリーム白書」，書式設定：A4縦・横書き。その他フォントサイズやページ設定は適宜行う。）

〈データ〉

アイスクリームのよいところは？	％
おいしい	81.2
手軽に食べやすい	40
手頃な価格で買える	39.8
ちょっと幸せな気分になれる	34.8
甘味がたのしめる	29.5
買い置きができる	26.2
近くで（どこでも）変える	20

1回に購入する金額	回答数
150円以下	307
150〜300円くらい	397
300〜500円くらい	263
500〜700円くらい	77
700〜1,000円くらい	37
1,000円以上	13
わからない	15

※アンケートの上位7項目のみ選択

※回答数：アイスクリーム白書2018では n＝1109 に対する百分率で記されているところを，回答数に換算して使用しています。 　　　　　　　　　　　　　　　　　（出典：日本アイスクリーム協会）

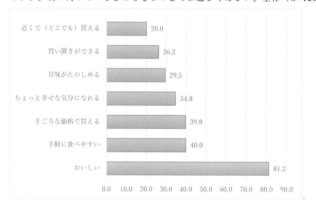

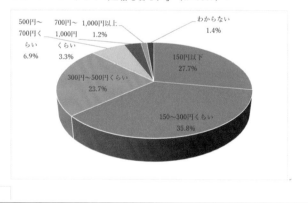

ヒント ・クイックレイアウトのレイアウト1を使い，データラベルの書式設定の[**カテゴリー (C)**]をパーセンテージにして，[**小数点以下の桁数(D)**]を1にする。

以下のようなデータファイルとメール（差し込み印刷）を作成・保存しなさい。
（データファイル：ファイル名「DM住所」，メール：ファイル名「エコファミリー」，
書式設定：A4縦・横書き・余白（上下20mm，左右20mm）・1行37字・1ページ50
行・画像「実教出版HP：カラーピーマン」・フォントMS明朝10.5ポイント。その
他設定は適宜行う。）

<データファイル>

氏名	郵便番号	住所
清水　透	3250062	栃木県那須塩原市住吉町 110-117
牧場　緑	3291311	栃木県さくら市氏家 3 丁目 2 番 1 号

<メール>

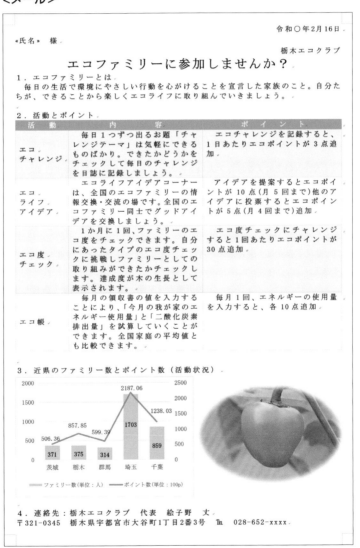

・複合グラフ：グラフの挿入ダイアログボックスで （組み合わせ）を選択。系列1のグラフ種類を集合縦棒にして系列2は折れ線を選択，系列2の第2軸にチェックを入れ，Word内のグラフのデータ領域右下隅をドラッグし系列3を外す。クイックレイアウトのレイアウト4を選択。データラベルの書式設定でラベルの位置を中央。

組み合わせ

6章 Wordとインターネット

パソコンをインターネットに接続することにより，Word をさらに便利に活用することができる。本章では，翻訳機能，PDF 変換，Web ページ作成について学習する。

1 翻訳機能

Word2019では，日本語，英語，中国語，そのほか世界各国の言語で書かれた文章を相互に翻訳できる翻訳機能が用意されている。これはWordが，翻訳する文章をインターネット経由で翻訳を行うMicrosoft Translatorのサーバに送り，翻訳結果を受け取る仕組みである。そのため，インターネットに接続している必要がある。

1 日本語から英語へ翻訳

日本語で書かれた文章を英語に翻訳してみよう。

■ 日本語から英語へ翻訳 例題16

次のような文章を入力し，英語に翻訳してみよう。

（ファイル名「学問ノススメ日本語」）

> 「天は人の上に人を造らず人の下に人を造らず」と言うことができる。しかし今、広くこの人間社会を見渡すと、賢い人がいて、愚かな人がいて、富める人もいて、貧しい人もいて、高貴な人もいて、そうでない人もいる。同じ人なのになぜ違いが生じるのであろうか。理由は実に明確である。その違いは「学ぶ」と「学ばない」との違いによって生じるものなのである。ただし、難しい漢字を覚えることが学問なのではない。大切なのは日常の役に立つ実学である。例えば、読み書きそろばん、簿記などであり、その他進んで学ぶべきことは数多くある。
>
> （福沢諭吉「学問ノススメ」初編より抜粋し現代語調に修正）

翻訳結果

翻訳サイトやインターネット回線の状態によってうまく翻訳できないこともある。翻訳の精度は向上していくので，翻訳結果が本書と同じにならない場合もある。

① 例題16の文章を入力し，ファイル名「学問ノススメ日本語」で保存する。

② [校閲]-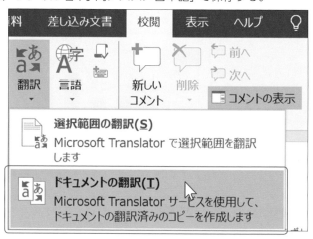(翻訳) をクリックし，[ドキュメントの翻訳(T)]をクリックする。

③ ［インテリジェントサービスを使用しますか?］というダイアログボックスが表示された場合は，［オンにする]をクリックする。このダイアログボックスは，初めてこのサービスを使用するときに表示されるものなので，表示されない場合は④に進む。

④ 画面右側に［トランスレーター]が表示される。[翻訳元の言語］は［自動検出]になっているので，特に操作する必要はない。[翻訳先の言語]は［日本語]になっているので，これをクリックして[英語]に変更し，[翻訳]をクリックする。

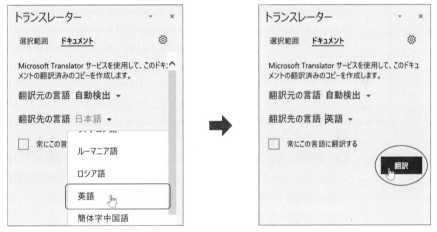

⑤ 新規の文書が開き，翻訳結果が表示される。

> You can say, "The heavens do not build men on the people, they do not build men under them." But now, looking around this human society, there are smart people, there are foolish people, there are people who are rich, there are poor people, there are noble people, and some are not. Why does the difference occur though it is the same person? The reason is very clear. The difference is caused by the difference between "learning" and "not learning". However, it is not study to learn difficult Chinese characters. What is important is practical studies that are useful in daily life. For example, reading and writing abacus, bookkeeping, etc., there are many other things to learn willingly.
>
> （Excerpts from the first edition of Fukuzawa Yukichi's "Scholarship Nosume" and modified to modern tone）

⑥ 次節でこの英文を使用するので，ファイル名「学問ノススメ英語」で保存しておこう。

練習53 　日本語で次の文章を入力し，英語に翻訳しなさい。

> 「ラ」は、「ソ」に続く音符です。
> 複式簿記には、借方と貸方があります。
> 原価は、製造直接費と製造間接費とに分けられます。
> クラシックギターでよい音を出すには、爪を爪やすりで滑らかにします。

2　英語から日本語へ翻訳

英語で書かれた文章を日本語に翻訳してみよう。

英語から日本語へ翻訳　例題17

前節で翻訳した英文を，日本語に翻訳してみよう．

（ファイル名「学問ノススメ英語」）

You can say, "The heavens do not build men on the people, they do not build men under them." But now, looking around this human society, there are smart people, there are foolish people, there are people who are rich, there are poor people, there are noble people, and some are not. Why does the difference occur though it is the same person? The reason is very clear. The difference is caused by the difference between "learning" and "not learning". However, it is not study to learn difficult Chinese characters. What is important is practical studies that are useful in daily life. For example, reading and writing abacus, bookkeeping, etc., there are many other things to learn willingly.

(Excerpts from the first edition of Fukuzawa Yukichi's "Scholarship Nosume" and modified to modern tone)

① ファイル名「学問ノススメ英語」を開く。

② [校閲]-[あ](翻訳)をクリックし，[ドキュメントの翻訳(T)]をクリックする。画面右側に[トランスレーター]が表示される。[翻訳元の言語]は[自動検出]，[翻訳先の言語]は[日本語]にして，[翻訳]をクリックすると，新規の文書が開き，翻訳結果が表示される。

「天は人を人の上に築くのではなく、その下に人を造るのです。しかし、今、この人間社会を見渡すと、賢い人がいて、もいるし、貧しい人もいるし、高貴な人もいるし、そうでなぜ違いが起こるのですか?その理由ははっきりしている。違いの違いによって引き起こされます。しかし、難しい漢字を学大切なのは、日常生活に役立つ実践的な研究です。例えば、など、他にも楽しく学ぶことがたくさんあります。

（福沢諭吉の「奨学金結目」の初版からの

練習54　英語で次の文章を入力し，日本語に翻訳しなさい。

Write your occupation.

The rest room is occupied.

Please pass a gratuity.

3 選択範囲を翻訳

　文章の一部分を選択して，翻訳してみよう．ちょっと意味を調べたり，スペルを確認したりするのにも使えて便利である．

選択範囲を翻訳　例題18

前節で翻訳した英文の選択した部分だけを，日本語に翻訳してみよう．

（ファイル名「学問ノススメ英語」）

> You can say, "The heavens do not build men on the people, they do not build men under them." But now, looking around this human society, there are smart people, there are foolish people, there are people who are rich, there are poor people, there are noble people, and some are not. Why does the difference occur though it is the same person? The reason is very clear. The difference is caused by the difference between "learning" and "not learning". However, it is not study to learn difficult Chinese characters. What is important is practical studies that are useful in daily life. For example, reading and writing abacus, bookkeeping, etc., there are many other things to learn willingly.
>
> 　(Excerpts from the first edition of Fukuzawa Yukichi's "Scholarship Nosume" and modified to modern tone)

① ファイル名「学問ノススメ英語」を開く．

② [校閲]-📖(翻訳)をクリックし，[選択範囲の翻訳(S)]をクリックすると，画面右側に[トランスレーター]が表示される．[翻訳元の言語]は[自動検出]，[翻訳先の言語]は[日本語]になっていることを確認する．

③ 文書中の1行目をドラッグして選択すると，即座に[トランスレーター]に翻訳結果が表示される．

④ 翻訳結果を，本文中に挿入することもできる．最後の行にカーソルを移動し，[トランスレーター]-[挿入]をクリックすると，翻訳結果が挿入される．

練習55 例題中のほかの部分を選択し，翻訳して本文中に挿入しなさい。

1　翻訳機能　153

2 文書のPDF変換

PDFとは，紙に印刷するのと同じ状態のページのイメージを保存するためのファイル形式の名前であり，Portable Document Format（ポータブル・ドキュメント・フォーマット）の頭文字を取ったものである。PDF閲覧ソフトを使用すれば，元のレイアウトやフォントのとおり文書を表示できる。インターネットで文書を公開する場合，環境の違いによって閲覧内容が左右されないように，PDFがよく利用される。

国内旅行申込書　例題19

実教出版ホームページからダウンロードしたファイル名「国内旅行申込書」をPDFに変換し，ブラウザーでPDF文書を表示してみよう．

（ファイル名「国内旅行申込書」）

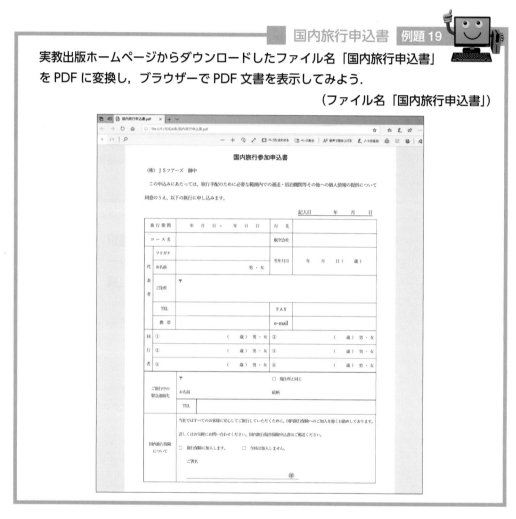

① 画面にファイル名「国内旅行申込書」を表示する。

② ［ファイル］-［名前を付けて保存］-［参照］をクリックする。

名前を付けて保存

- 最近使ったアイテム
- OneDrive
- この PC
- 場所の追加
- 参照

③ ［名前を付けて保存］ダイアログボックスが表示されるので，［デスクトップ］をクリックし，［ファイルの種類(T)］-［PDF］をクリックする。

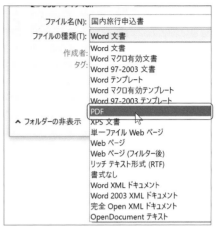

④ 次のように表示されるので，［発行後にファイルを開く(E)］にチェックが入っていることを確認して，保存(S)をクリックする。

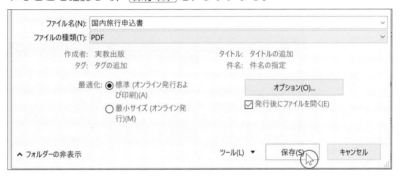

⑤ PDFに変換した「国内旅行申込書」がデスクトップ上に作られ，PDF閲覧ソフトであるMicrosoft Edgeが自動的に起動し，文書がPDF表示される。

参考◆Mac OS上のWordで「国内旅行申込書」を開くと，表がずれたり，文字が化けたりしてしまうことがあるが，PDFに変換した文書では，元の文書のレイアウトやフォントは完全に再現されている。

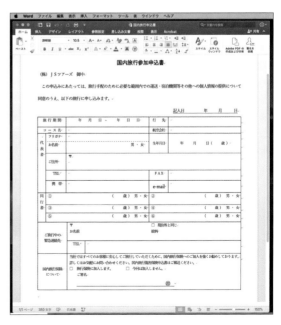

3 Webページの作成

Webページは，HTML (HyperText Markup Language) 言語で書かれたテキストファイルで作成される。HTML言語とは，ウェブページを作成するためのMarkup（マークアップ）言語である。HTMLでWebページを作成するにはそれなりの知識が必要となるが，Wordでは文書を作成する感覚で，Webページを作成することができる。しかし，Wordで作成したWebページは保存時に一部の書式やデザインが失われてしまい，意図しないWebページになることがあるので注意が必要である。

本格的な Web ページを作成する場合には専用ソフトを使うとよい。

長崎ロマン紀行　例題 20

実教出版ホームページよりダウンロードしたファイル名「長崎ロマン紀行（元文書）」を編集して，次のような Web ページを作成しよう.

（ファイル名「長崎ロマン紀行」）

1 段落全体と文字列に背景色を付ける

文書のタイトルや見出しは，フォントサイズを大きくしたり，太字にしたりして目立たせるのが一般的である。特に，背景色を設定することはとても効果的である。

◆◆◆◆◆◆◆**段落全体の背景色**

① ファイル名「長崎ロマン紀行**(元文書)**」を開く。

② Wordの右下にある，「Webレイアウト」をクリックし，表示モードを変更する。

③ 1行目を行単位で選択する。

> 「世界遺産・夜景の長崎ロマン紀行」オプショナルコース

④ [**ホーム**] □-**(罫線)**をクリックすると，[**線種とページ罫線と網かけの設定**]ダイアログボックスが表示されるので，[**網かけ**]タブをクリックし，[**設定対象(L)**]を「段落」にする。

⑤ [**種類(Y)**]-「塗りつぶし(100%)」を選択し，[**色(C)**]-[**その他の色(M)**]をクリックすると，[**色の設定**]画面が表示されるので，[**ユーザー設定**]タブをクリックして，[赤(R)]：47，[緑(G)]：84，[青(B)]：150を選択し，OKをクリックする。

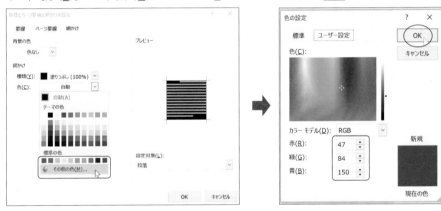

⑥ [**線種とページ罫線と網かけの設定**]ダイアログボックスに戻るので，OKをクリックすると，段落の背景色が変わる。ただ，フォントの色が黒なので，見づらくなっている。

> 「世界遺産・夜景の長崎ロマン紀行」オプショナルコース

⑦ フォントの色を白に変える。

[ホーム]-**A**-(フォントの色) - [テーマ色] で「白 背景1」を選択する.

> 「世界遺産・夜景の長崎ロマン紀行」オプショナルコース
> 龍馬が見上げた長崎の空

同様に2行目と3行目の背景色と文字の色を次のように設定する。

段落の背景色　[赤(R)]：224，[緑(G)]：255，[青(B)]：255

> 龍馬が見上げた長崎の空
> － 長崎で坂本龍馬の足跡をたどる －

◆◆◆◆◆◆◆罫線に色をつける

① 5行目を行単位で選択する。

② [ホーム]-□ ▼ (罫線)をクリックし，表示されたプルダウンメニューから[線種とページ罫線と網かけの設定(O)]をクリックし，ダイアログボックスを表示する。

③ ダイアログボックスの[罫線]のタブをクリックする。

④ [色(C)]-[その他の色(M)]をクリックすると，[色の設定]のダイアログボックスが表示される。

⑤ [ユーザー設定]のタブをクリックし，[赤(R)]：25，[緑(G)]：25，[青(B)]：112に設定し，OKをクリックする。

⑥ [線の太さ(W)]を0.5ptに設定し，[プレビュー]の□をクリックし，上の罫線を入れる。

⑦ [線の太さ(W)]を3ptに設定し，[プレビュー]の□をクリックし，左の罫線を入れる。

⑧ [設定対象(L)]を段落に設定し，OKをクリックする。

練習56 他の項目のタイトルにも，同じように罫線を入れなさい。

練習57 ページ下部の「※このコースに参加希望する方は、…」の上部に次の罫線を入れなさい。
[赤(R)]：165，[緑(G)]：42，[青(B)]：42，[線の太さ(W)]：2.25pt

◆◆◆◆◆◆◆文字列の背景色と文字色

ここでは，「JSツアーズ」に色をつける。

① 「JSツアーズ」を選択する。

② [ホーム]□-(罫線)-[線種とページ罫線と網かけの設定]ダイアログボックスが表示される。

③ [網かけ]タブをクリックし，[設定対象(L)]を「文字」にする。さらに，[種類(Y)]-「塗りつぶし(100%)」を選択し，[色(C)]-[その他の色(M)]をクリックする。

④ [色の設定]画面が表示されるので，[ユーザー設定]タブをクリックして，[赤(R)]：255，[緑(G)]：255，[青(B)]：240を選択し，OKをクリックすると。文字列の背景色が変わる。

⑤ 続いて文字列の色を次の設定で変える。
[赤(R)]：46，[緑(G)]：139，[青(B)]：87

2 文書の背景色

文書に背景色を設定すると，見栄えの良い文書を作成できる。この作成した文書をWebページに変換すると，背景色が壁紙の色となる。

ページの色

① [デザイン] -(ページの色)-[塗りつぶし効果(F)]をクリックする。

② [塗りつぶし効果]ダイアログボックスが表示されるので，[テクスチャ]タブをクリックし，「セーム皮」を選択し OK をクリックすると，背景色が「セーム皮」になる。

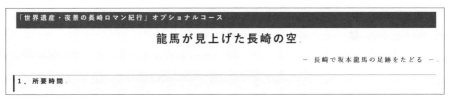

3 ハイパーリンクの設定

ハイパーリンクは，文書内にWebページや関連ファイルへのリンクを設定して直接参照できる機能のことである。文書内の特定の単語や画像をクリックすることによって，あらかじめ設定されたWebページを表示することができる。

ここでは，「坂本龍馬」にハイパーリンクを設定しよう。

◆◆◆◆◆◆◆他の Web ページにリンク

① 「坂本龍馬」をドラッグして選択する。

リンク

② [挿入]- (リンク)をクリックする。

検索でウィキペディアの「坂本龍馬」を表示させ，そのアドレスをコピーして貼り付けると間違いがない.

③ [ハイパーリンクの挿入]ダイアログボックスが表示されるので，[アドレス(E)]に「https://ja.wikipedia.org/wiki/坂本龍馬」を入力し，OK をクリックする。

④ リンクが設定され，確認として，マウスポインターを「坂本龍馬」に合わせると，リンク先のアドレスが表示される。

練習58 坂本龍馬の写真に同じリンクを貼りなさい。

練習59 グラバー邸の写真をクリックすると，その説明用のWebページが表示されるようなリンクを貼りなさい。

◆◆◆◆◆◆◆ 他のファイルにリンク

P.155で作成したPDF文書ファイルをデスクトップに作成したフォルダー名「長崎ロマン紀行」に移動させておく。ここでは，「国内旅行申込書」をクリックすると，そのPDF文書が表示されるようにする。

① 「国内旅行申込書」をドラッグして，[挿入]-　(リンク)をクリックする。

② [ハイパーリンクの挿入]ダイアログボックスが表示される。[ターゲットフレーム(G)]をクリックして，「新しいウィンドウ」を選択し，OKをクリックする。

③ 「国内旅行申込書」をクリックすると，[アドレス(E)]にファイル名が入力されるので，OKをクリックする。

「新しいウィンドウ」を選択すると，ブラウザーを表示したときに，別タグで「国内旅行申込書」が表示される.

④ リンクが設定され，マウスポインターを「国内旅行申込書」に合わせると，リンク先のアドレスが表示される。

4 オンラインビデオの挿入

Wordには，オンラインビデオを挿入できる機能があるので，ここでは見学スポットの動画を挿入しよう。

オンラインビデオ

① ビデオを挿入したい位置（「見学スポットを動画でご覧になれます。…」の下の行の行頭）にカーソルを移動し，**[挿入]**- （**オンラインビデオ**）をクリックする。

YouTube
「世界最大のビデオ
共有コミュニティ」

② **[ビデオの挿入]** 画面が表示される。ここではYouTubeの入力欄に「坂本龍馬と長崎ゆかりの地」と入力し， をクリックする。

③ 検索結果がサムネイル形式で表示されるので，ここでは左上のサムネイルを選択して，**[挿入]** をクリックする。

④ 選択したビデオが挿入されるので，大きさを下図のように合わせ右上の をクリックして， （**行内**）を選択する。

⑤ 画像をセンタリングする。

5 Webページの作成

Wordで作成した文書をWebページであるHTML形式に変換してみよう。

① [ファイル]-[名前を付けて保存]-[参照]をクリックすると，[名前を付けて保存]
ダイアログボックスが表示されるので，[デスクトップ]をクリックし，[ファイル
の種類(T)]-「Webページ」を選択する。

② [タイトルの変更(C)]をクリックするとテキスト入力画面が表示されるので，
[ページタイトル(T)]に「龍馬が見上げた長崎の空」を入力して OK をクリックする。

③ [名前をつけて保存]ダイアログボックスに戻るので， 保存(S) をクリックする。

④ デスクトップにファイル名「長崎ロマン紀行」と，フォルダー名「長崎ロマン紀
行.files」が作成される。

⑤ アイコン「長崎ロマン紀行」をダブルクリックすると，ブラウザーの「Microsoft
Edge」が起動し，画面にWebページが表示される。

ハイパーリンクを設定した部分をクリックすると，指定したWebページが表示され
ることを確認する。また，ビデオをクリックすると，動画が流れることも確認しよう。

例題20で使用した「長崎ロマン紀行（元文書）」を開き，Wordの翻訳機能を利用して英語に変換した後，例題20と同じ手順を行い，英語バージョンのWebページを作成しなさい。なお，英語に変換する際，固有名詞などの誤訳されやすい語句については，ネットや辞書などで調べて，正しい単語に修正すること。

（ファイル名「長崎ロマン紀行（英語版）」

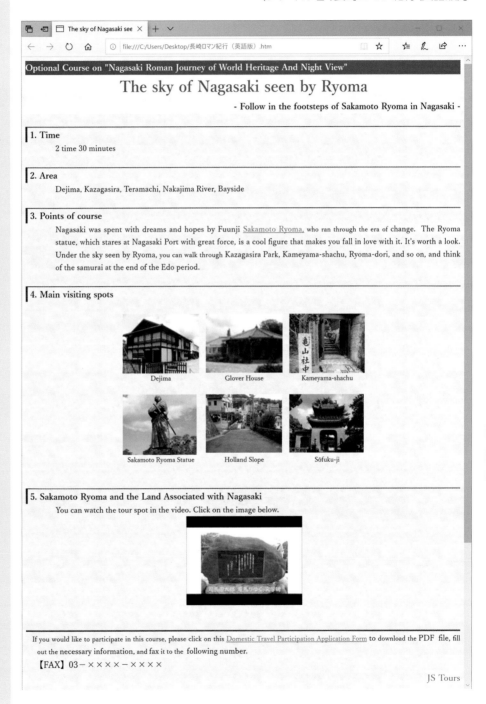

7章 Wordを用いたDTP

DTPとはDesk-Top Publishingの略で，コンピューターを使って印刷物を作成する技術を指す。この章では，WordでDTPを行うための基本的な操作や設定のポイントと，レイアウトの知識について学習する。

1 チラシの作成

チラシは，コンテンツの内容も重要であるが，多くの人に見てもらうことが最大の目的であるので，見栄えのするデザインにしてみよう。

文化祭模擬店チラシ 例題21

実教出版ホームページからダウンロードした画像ファイル名「背景」，「アイスコーヒー」，「パンケーキ」を利用して，A5サイズの用紙に，次のような「文化祭模擬店チラシ」を作成してみよう。　　　　（ファイル名「文化祭模擬店チラシ」）

1 用紙サイズの設定

① [レイアウト]-[ページ設定]ダイアログボックス起動ツールをクリックする。

② [ページ設定]ダイアログボックスが表示されるので，[用紙]タブでは，[用紙サイズ(R)]を「A5」，[余白]タブでは，上下左右の各余白を「10mm」，印刷の向きを[横(S)]と設定する。

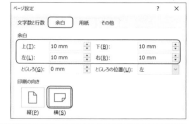

2 背景の作成

① [挿入]-（画像）をクリックすると，[図の挿入]ダイアログボックスが表示されるので，ファイル名「背景」を選択し，[挿入(S)]をクリックする。

[ファイル]-[オプショ
ン]をクリックする。
続いて，[詳細設定]
をクリックし，構成
内容の表示にある
[裁ちトンボを表示
する]をチェックし
たり，外したりする。

② 文書画面に画像が挿入される。貼り付けた画像を選択し，（レイアウトオプ
ション）をクリックして，「前面」を選択する。余白マークの内側に表示したい部分
が入るように，画像を拡大する。

③ [書式]-（トリミング）をクリックすると，トリミング用の黒い枠が表示され
る。四隅の黒い枠をドラッグして，余白マークの内側ぎりぎりに移動する。灰色の
余白が削除される部分となる。

④ Enter を押すと，画像がトリミングされる。

3 見出しの作成

テキストボックスを利用して，文字を自由に配置し，効果的な配色と変形をしよう。

 **文字の入力と装飾**

① [挿入]-（テキストボックス）-[横書きテキスト ボックスの描画(H)]をクリッ
クして作成したテキストボックスに，「cafe」と入力する。文字の設定は，フォン
ト：「游ゴシック」，フォントサイズ：「48」，装飾：「太字」とする。

② テキストボックスを選択した状態で，[描画ツール]-[書式]-[図形の書式設定]作
業ウィンドウ起動ツールをクリックすると，[図形の書式設定]作業ウィンドウが画面
の右側に表示される。

③ [図形のオプション]-(塗りつぶしと線)をクリック
し,[塗りつぶしなし(N)]と[線なし(N)]を選択する。

④ テキストボックスを選択した状態で,[ホーム]-**A**(フォントの色)-[その他の色
(M)]をクリックすると,[色の設定]ダイアログボックスが表示されるので,[ユー
ザー設定]タブをクリックし,「赤(R):153,緑(G):102,青(B):51」に設定
する。

⑤ 「ちょうりぶ」の文字についても同様に
①~④までを次の設定で作成する。
フォント:「HGS創英角ポップ体」,「72pt」
フォントの色:赤(R):204 緑(G):102
青(B):0

⑥ テキストボックスを選択した状態で,[描画ツール]-[書式]-**A**(文字の効果)
-**abc**(変形(T))-(アーチ:下向き)をクリックする。

⑦ テキストボックスを移動し,位置を調整する。

◆◆◆◆◆◆◆見出し文字の強調

見出しの背後に白いぼかしを入れることで文字を強調させる。

① [挿入]-(図形)-[基本図形]-◯(楕円)をクリックし,楕円を挿入する。

② 楕円を選択した状態で,[描画ツール]-[書式]
-(図形の塗りつぶし)-□(白、背景1)をク
リックする。

③ [描画ツール]-[書式]-✎(図形の枠線)-[枠
線なし(N)]をクリックする。

④ 楕円を選択した状態で,[描画ツール]-[書式]-▱(図形の効果)-[ぼかし(E)]-(ソ
フト エッジのバリエーション)-(25pt)をクリックする。

1回クリックするごとに重なっているテキストボックスの位置が背面に移動する。

⑤ 楕円を選択した状態で，[描画ツール]-[書式]-(背面へ移動)を2回クリックする。

4 コンテンツの作成

◆◆◆◆◆◆◆ 文字の入力

① 次の設定で右図(場所)の文章を作成する。

フォント：「游ゴシック」，「14pt」

装飾：太字　行間：「固定値」　間隔：「16pt」

図形の塗りつぶし：「青、アクセント5、白＋基本色80％」図形の枠線：「枠なし」

② 同様に，次の設定で右図(メニュー)の文章を作成する。

フォント：「游ゴシック」，「14pt」

行間：「固定値」　間隔：「20pt」

図形の枠線の色：「青」

図形の枠線の太さ：「2.25pt」

③ メニューに，次の書式を追加する。

『Drink』，『Food』　装飾：太字

『…………』　フォントの色

　：赤(R)：128　緑(G)：192　青(B)：255

『その他～ます！』

フォント：「HGS創英角ゴシック」，「12pt」

フォントの色：赤(R)：255　緑(G)：128　青(B)：192

◆◆◆◆◆◆◆ グラデーション線の挿入

『Drink』と『Food』の下にグラデーション線を追加する。

① [挿入]-(図形)-(線)をクリックすると，マウスポインターが➕になるので，ドラッグして線を挿入する。

② ［描画ツール］-［書式］-［図形の書式設定］作業ウィンドウ起動ツールをクリックす
し，［塗りつぶしと線］-［線（グラデーション）(G)］を選択し，次のように設定する。

・角度(E)：「0°」　・幅(W)：「2pt」
・グラデーションの分岐点
　色(C)：青　透明度(T)：0%
　分岐点1/4(4/4)位置：0(100)%
　　明るさ(I)：95%
　　分岐点2/4(3/4)位置：25(50)%
　　明るさ(I)：0%

◆◆◆◆◆◆◆画像の背景の削除

ここでは，画像を形に添って切り取り配置しよう。

① ファイル名「アイスコーヒー」の画像を挿入する。その際，画像のレイアウトオ
プションは「前面」にしておく。

② 挿入した画像を選択し，［図ツール］-［書式］- ■（前面へ移動）-［最前面へ移動(R)］
をクリックした後に，位置を調節する。

③ 画像を選択した状態で，［図ツール］-［書式］- ■（背景の削除）をクリックすると，
領域が紫色になる。

④ ■（保持する領域としてマーク）をクリックして，マウスポインターを図形の形
に添って何度かドラッグする。

⑤ ■（変更を保持）をクリックして確定する。

◆◆◆◆◆◆◆画像に影を付ける

① ［図ツール］-［書式］- ■（図の効果）- ■ ［影(S)］-［外側］- ■
［オフセット：右下］をクリックする。

練習60　ファイル名「パンケーキ」の画像を画像の背景を削除して配置しなさい。
練習61　作成したチラシをファイル名「文化祭模擬店チラシ」で保存しなさい。

Wordの詳細設定を活用して，レイアウトデザインのよい文書を作成しよう。

図書館だより　例題 22

次のような図書館だよりを作成しよう。

（書式設定：A4縦・1行54文字・1ページ48行・上下余白

20mm・左右余白10mm・ファイル名「図書館だより」）

実教学院高等学校
図書館
だより
2020年9月10日発行

新着図書

第161回芥川賞受賞作品
● 『むらさきのスカートの女』　　今村　夏子　　（朝日新聞出版）

第161回直木賞受賞作品
● 『渦　妹背山婦女庭訓　魂結び』　大島　真寿美　　（文芸春秋）

2019年　本屋大賞受賞作品
● 『そして、バトンは渡された』　　瀬尾　まいこ　　（文芸春秋）

　3年生は本格的に受験シーズンに突入しました。教室では集中できないという方！ぜひ図書館へいらして下さい。息抜きに読書をしたり、受験に利用できる本を読んだりと、自分だけの過ごし方ができますよ。お待ちしています！

おすすめの本

あなたのまわりのデータの不思議
　　　　　　景山三平　著（実教出版）

・疑わしい統計データ表示にダマされない眼を養えます。
・統計的な思考スタイルが、人生をバラ色に染める一助になることが分かります。
・地震などが起こる予測確率の本当の意味が分かり、正しく行動をとれるようになります。

ガリレオ工房の科学あそび　エコ CO_2 編
　　　　　　滝川洋二　編著（実教出版）

・科学あそび第4弾は、昨今話題の「二酸化炭素・CO_2」にまつわる実験が掲載されています。
・この1冊で CO_2 がどこから出て、どうなっていくのか、なぜ二酸化炭素は温暖化に関係するのか、そして地球内での炭素の循環がわかります。

読書傾向調査について

　近年、本に興味がなく、読書をしない生徒が増えています。「勉強、部活動などで本を読む時間がない」や「読書よりスマートフォンの利用」が主な原因だと思われます。その一方で、タブレットやスマートフォンでの電子媒体による読書を行う生徒もふえてきました。

　10月27日～11月9日は読書週間になります。この機会にぜひ読書をしてみませんか。本を読むと疲れた体と心がリフレッシュされます。

「ホッと一息、本と一息」

クラス別貸出統計（8月）　（冊数）

	A組	B組	C組	D組	E組	合計
1年	67	49	59	49	45	269
2年	15	23	15	27	21	101
3年	18	23	27	5	2	75
合計	100	95	101	81	68	**445**

今月の作家

アーサー・コナン・ドイル（生誕一六〇年）

一八五九年スコットランドエディンバラ生まれ。名探偵シャーロックホームズシリーズの生みの親である。元々は医師を志しており、エディンバラ大学医学部を卒業後、診療所を開業するが患者は少なく、生活は困窮していたといわれる。このころに副業として小説の投稿を始める。ホームズシリーズ第一作の『緋色の研究』（一八八七）もこの時期に書かれた作品で、以後『四つの署名』（一八九〇）や一連の短編ホームズシリーズを次々に発表し、小説家として絶大な人気を得ることになった。

第2回　ビブリオバトル開催

　日に日に寒さの増す今日この頃、読書の秋を堪能していますか。行事や勉強に追われたりして、忙しい日々が続いているかもしれません。そんな日々の息抜きに、先生方のビブリオバトルを見に来てはいかがでしょうか。

　1．日時：10月29日（火）
　　　　　　　　　　16:00～17:30
　2．場所：本校図書館
　3．バトラー：佐々木先生（国）
　　　　　　　　関口先生（地）
　　　　　　　　斎藤先生（理）
　　　　　　　　三島先生（英）

7章

1 レイアウトを行うための基本的な設定

文字や図形を配置しやすくするために，基本的な設定を行う。

① 新規作成で白紙の文書の画面を出してから，[ファイル]-[オプション]をクリックすると，[Wordのオプション]ダイアログボックスが表示される。

② [詳細設定]-[切り取り，コピー，貼り付け]-[図を挿入/貼り付ける形式(I)]を「前面」にする。

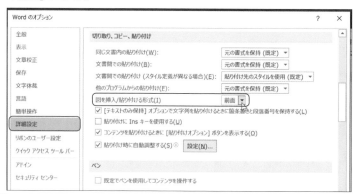

③ [表示]-[単位に文字幅を使用する(W)]にチェックを入れて，OKをクリックする。

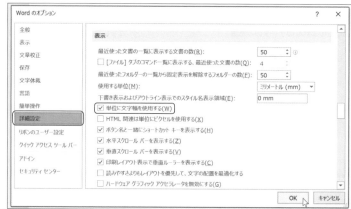

④ [表示]をクリックして，[ルーラー]と[グリッド線]にチェックを入れる。

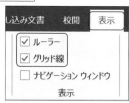

2 ページ設定

① [レイアウト]-[ページ設定]ダイアログボックス起動ツールをクリックする。

② [余白]タブをクリックして，次のように余白を設定する。

③ [**文字数と行数**]タブをクリックし，左図のように設定する。続いて[**グリッド線 (W)…**]をクリックし，右図のように設定し，OKをクリックする。

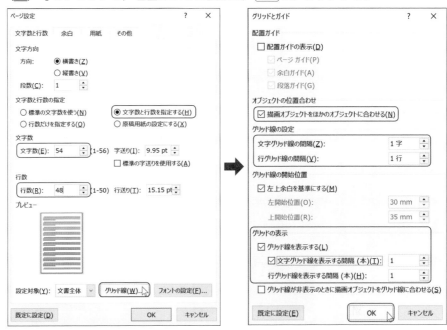

④ [**ホーム**]-[**段落**]ダイアログボックス起動ツールをクリックする。

⑤ [**行間(N)**]を「固定値」，[**間隔(A)**]を「15pt」に設定し，[**既定に設定(D)**]をクリックすると，ダイアログボックスが表示されるので，[**この文書だけ(T)**]にチェックを入れ，OKをクリックする。

---

3 **タイトル画像の作成**

タイトル部分の本の図形は，ベジェ曲線を用いて作成する。

◆◆◆◆◆◆**背景画像の作成**

ベジェ曲線
頂点（アンカーポイント）を設定することで滑らかな曲線を作成できる。

① [**挿入**]-(**画像**)をクリックすると[**図の挿入**]ダイアログボックスが表示されるので，「図書館.jpg」を選択して挿入(S)をクリックする。

② 貼り付けた画像を選択し，[**図ツール**]-[**書式**]-▨(**トリミング**)をクリックし，図を参考に縦12行分，横17文字分の大きさでトリミングを行う。トリミングした後は左上角に画像を移動する。

トリミングの際には背後に表示されているグリッド線や，上部と左側に表示されているルーラーを参考にするとよい。

本のイラストの作成

2つ目は，1つ目の長方形が完成した後にコピーするとよい。

① [挿入]-◇ (図形)-□ (正方形/長方形)をクリックし，縦7行分，横8文字分の大きさの長方形を2つ作成する。

② 作成した図形上で[右クリック]-◿ (頂点の編集)をクリックし，上辺の中央付近でマウスポインターが左図の状態のときに[CTRL]を押しながらクリックすると，右図のような頂点が作成される。

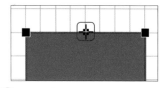 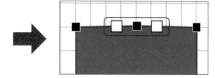

③ ■を上方向に1行分上にドラッグし (左図)，□を右図のようにドラッグする。

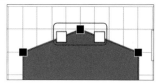 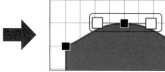

④ 下辺についても同様に②，③を参考に曲線を作成する。

頂点の編集を終了するためには，図形以外の領域をクリックするか，[ESC]を押す。

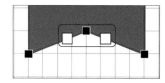 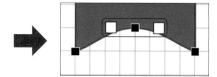

⑤ もう一方の長方形を1文字分の幅に調整し，④の図形の右側に配置する。幅の調整は，選択した図形のハンドルにマウスポインターを合わせ，ドラッグする。

⑥ ④の図形を選択して，[ホーム]-▤ (コピー)-▤ (貼り付け)をクリックして，右側に配置する。

⑦ コピーした図形を選択し，[描画ツール]-[書式]-⬔ (オブジェクトの回転)-◢ (左右反転(H))をクリックする。

⑧ 左の画像をクリックしてから，CTRLを押しながら残りの2つの画像をクリックし，3つの画像を選択する。その画像の上で右クリックし，**[描画ツール]**-**[書式]**-（**グループ化(G)**）をクリックする。

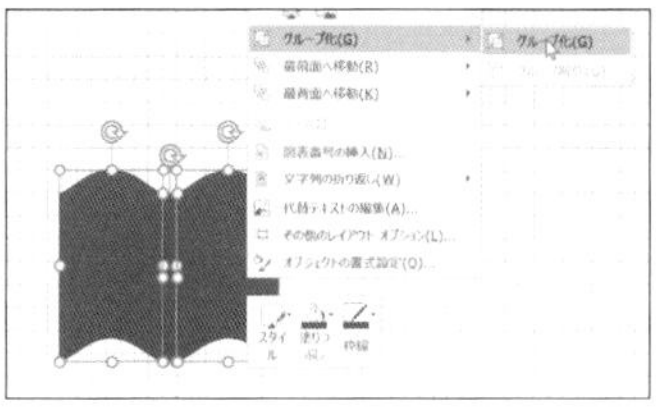

⑨ グループ化した画像をトリミングした画像の上に配置し大きさを調節する。その後，**[描画ツール]**-**[書式]**-**[図形の書式設定]**作業ウィンドウ起動ツールをクリックして左図のように設定すると，右図のようになる。

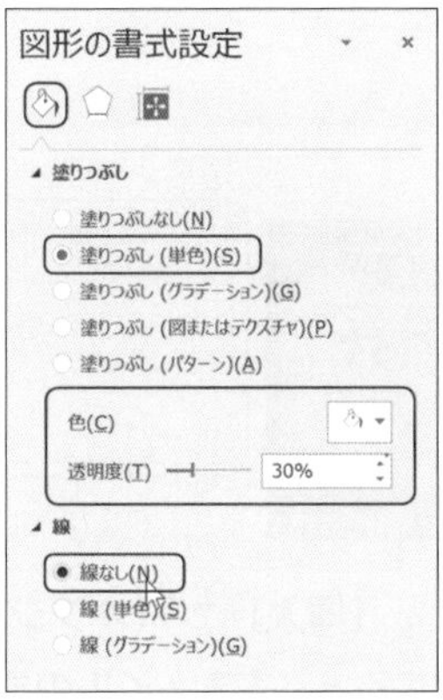

4 タイトル文字の作成

ここでは，テキストボックスをグリッド線に合わせて利用するための設定を行う。作成したテキストボックスの設定を既定のテキストボックスにすることで，同じ設定を何度も行わなくて済むようになる。

① **[挿入]**-（**テキストボックス**）-**[横書きテキスト ボックスの描画(H)]**をクリックしてテキストボックスを作成する。

② **[描画ツール]**-**[書式]**-**[図形の書式設定]**作業ウィンドウ起動ツールをクリックし，次のように設定する。

上下左右の余白を0mmにすることで，テキストボックス内の文字がグリッドに重なり配置しやすくなる。

【図形のオプション】

・**[塗りつぶし]**-**[塗りつぶしなし(N)]**　・**[線]**-**[線なし(N)]**

【文字のオプション】

・左余白(L)：「0mm」　・右余白(R)：「0mm」

・上余白(T)：「0mm」　・下余白(B)：「0mm」

③ テキストボックスの枠線の上で，**[右クリック]**-**[既定のテキストボックスに設定(D)]**をクリックする。

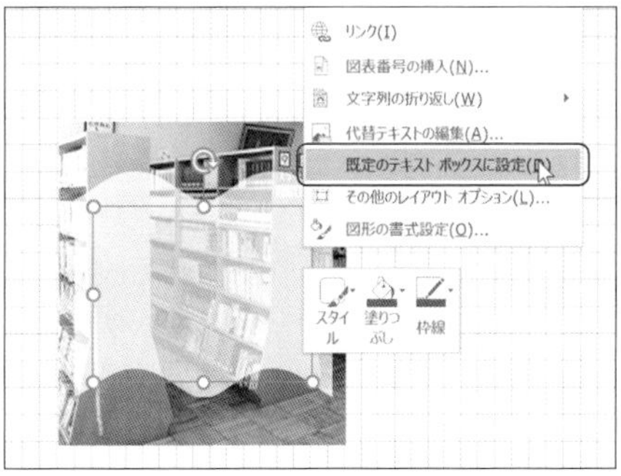

右クリック‐[段落
(P)]をクリックす
ると，段落ダイアロ
グボックスが表示さ
れる。

④ テキストボックスに文字を入力し，次の書式を設定して文字位置を調整する。

1と4行目　フォント：「游ゴシック」，「9pt」

2～3行目　フォント：「HG行書体」，「36pt」，「太字」

「段落」の「間隔」　行間(N)：固定値

間隔(A)：各行のフォントサイズ

5　新着図書の作成

① タイトルから2文字分あけて，横35文字，縦9行分のテキストボックスをグリッド線に合わせて作成する。

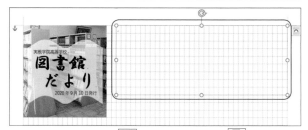

② 作成したテキストボックスを選択し，[挿入]‐(オブジェクト)‐(テキストをファイルから挿入(F))をクリックすると，[ファイルの挿入]ダイアログボックスが表示される。データが保存されているフォルダーを指定し，[ファイル名(N)]の右下をクリックし，「すべてのファイル(*.*)」を選択するとファイル名が表示される。「01-1_新着図書.txt」を選択して[挿入(S)]をクリックする。

③ [ファイルの変換]ダイアログボックスが表示されるので，[プレビュー(V)]で文字が表示できていることを確認して，[OK]をクリックする。

④ 挿入された文字に次の書式を設定する。

赤枠　太字

青枠　行間(N)：「固定値」

間隔(A)：「8pt」

黄枠　フォント：「MS明朝」

背景色　赤(R)：251

緑(G)：229

青(B)：214

⑤ テキストボックスを作成し，「新着図書」と入力し，次の書式を設定する。さらに，上部に表示されるハンドルをドラッグして回転させる。

フォント：「游ゴシック」，「20pt」，「太字」，「赤」

行間(N)：「固定値」，「間隔」(A)：「20pt」

⑥ 「新着図書」のテキストボックスを，右上にドラッグして配置する。

⑦ 横35文字，縦3行分のテキストボックスをグリッド線に合わせて作成し，テキストファイル「01-2新着図書.txt」を挿入する。

⑧ テキストボックスの縁をクリックして，[ホーム]-（すべての書式のクリア）をクリックする。

挿入した文字の先頭に空白（スペース）を1文字入れる。

3年生は本格的に受験シーズンに突入しました。教室では集中できないという方！ぜひ図書館へいらして下さい。息抜きに読書をしたり、受験に利用できる本を読んだりと、自分だけの過ごし方ができますよ。お待ちしています！

6 おすすめの本の作成

① [挿入]-[図形]-[四角形]-[正方形/長方形]をクリックし，2行分の長方形を作成する。長方形を選択した状態で，[描画ツール]-[書式]をクリックし，[図形の高さ]を「7.69mm」に設定する。

② キーボードの↑または↓を押して，長方形の下の線をグリッド線に合わせる。

③ [描画ツール]-[書式]-[図形の書式設定]作業ウィンドウ起動ツールをクリックし，[塗りつぶしと線]-[線（グラデーション）(G)]を選択し，次のように設定する。

角度(E)：「0°」　線：[線なし(N)]

「グラデーションの分岐点」をクリックすると🖼が表示され，📑をクリックすると削除できる。

グラデーションの分岐点1
　色(C)：青　アクセント1
　位置(O)：40%　透明度(T)：0%
　明るさ(I)：0%

グラデーションの分岐点2
　色(C)：白　背景1
　位置(O)：100%　透明度(T)：0%
　明るさ(I)：80%

④ 長方形を選択した状態で，[右クリック]-[テキストの追加]をクリックする。「おすすめの本」と入力し，次の書式を設定する。
　フォント：「MSゴシック」，「14pt」，「太字」，「白　背景1」

る本を読んだりと、自分だけの過ごし方ができますよ。お待ちしています！
おすすめの本

⑤ [挿入]-[図形]-[線]をクリックして，27文字目から垂直に10行分の直線を引く。さらに，線の太さを「2pt」に設定する。

文字数の確認には上部のルーラーを参考にするとよい。

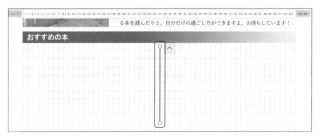

7章

⑥ 次の大きさで2つのテキストボックスを作成する。（文字や背景は色を付けない）

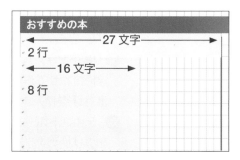

リンクの作成
🔗

⑦ 上側のテキストボックスを選択した状態で，[描画ツール]-[書式]-🔗(リンクの作成)をクリックすると，マウスポインターが🔗に変わるので，下側のテキストボックスをクリックする。

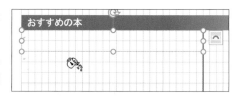

⑧ テキストファイル「02_あなたのまわりの.txt」を挿入する。「あなたのまわりのデータの不思議」のフォントを「MSゴシック」，「景山三平著（実教出版）」を「右揃え」する。

⑨ 画像「あなたのまわりのデータの不思議.png」を挿入し，大きさを調節してグリッドの右下角に合わせる。画像には枠線を付ける。

練習62 ガリレオ工房の科学あそびについて，下を参考に作成しなさい。
（ファイル名：03_ガリレオ工房.txt），（画像ファイル名：科学あそびCO2.png）

「CO_2の」「2」は，文字を範囲選択して[ホーム]-X_2(下付き)をクリックする。

7 読書傾向調査についての作成

① 「おすすめの本」の長方形をコピーして貼り付け，行の下グリッドに合わせて位置を調節する。また，文字を「読書傾向調査について」に変更した後，図形のハンドルをドラッグして幅を変更する。

ルーラーや文字位置を参考に設定するとよい。

② 次の大きさで2つのテキストボックスを作成する。（文字や背景は色を付けない）

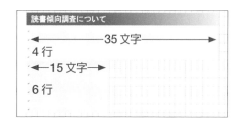

③ テキストファイル「04_読書傾向調査.txt」を挿入する。書式をクリアし，「ホッと一息、本と一息」のフォントを「HGS創英角ポップ体」，「中央揃え」に設定する。

④ テキストボックスの外下側をダブルクリックしてカーソルを移動する。

⑤ [挿入]-□(オブジェクト)-[オブジェクト(J)]をクリックする。

⑥ [ファイルから]タブ-[参照(B)]をクリックすると，[オブジェクトの挿入]ダイアログボックスが表示されるので，「クラス別貸出統計.xlsx」を選択し[挿入(S)]をクリックする。

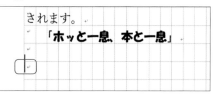

⑦ テキストボックスの背面に表示されるので，枠を選択し，[レイアウト]-[文字列の折り返し]-[前面(N)]をクリックする。枠が移動できるようになるので，ドラッグして大きさと位置を調節する。

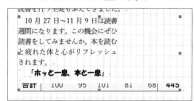

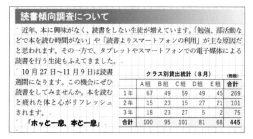

練習63 第2回 ビブリオバトル開催について，下を参考に作成しなさい。
（ファイル名「05_ビブリオバトル.txt」，画像ファイル名「ビブリオバトル.bmp」）

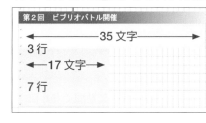

8　今月の作家の作成

① 縦書きテキストボックスを作成し，テキストファイル「06_今月の作家.txt」を挿入する。書式をクリアし，「アーサー・コナン・ドイル」の文字に次の書式を設定する。

　　フォント：「MSゴシック」，「14pt」，「太字」
　　行間(N)：「固定値」，間隔(A)：「20pt」

② テキストボックスに次の書式を設定する。
【図形のオプション】

・[塗りつぶし]-[塗りつぶし(単色)(S)]　　　　　　　　・[線]-[線(単色)(S)]
　色(C)：ゴールド　アクセント4、白+基本色80%　　　色(C)：緑
　透明度(T)：30%　　　　　　　　　　　　　　　　透明度(T)：30%
　　　　　　　　　　　　　　　　　　　　　　　　線幅(W)：「2.5pt」

【文字のオプション】
　左余白(L)：3mm　　右余白(R)：3mm
　上余白(T)：2mm　　下余白(B)：2mm
文章は
　インデント：1　字下げ1　行間(N)：「固定値」，　間隔(A)：「16pt」

③ テキストボックスを作成し，「今月の作家」と入力し，次の書式を設定する。

　フォント：「游ゴシック」，「16pt」，「太字」
　行間(N)：「固定値」，間隔(A)：「20pt」

④ 緑枠線のテキストボックスの上部の枠線上で，[右クリック]-[頂点の編集]をクリックする。マウスポインターを図の位置に合わせ，[右クリック]-[頂点の追加(A)]をクリックする。右側「作家」の右側も同様に頂点を追加する。

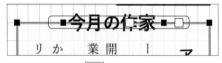

⑤ 右側の頂点(■)の上で[右クリック]-[パスを開く(N)]をクリックする。その後，右下の□の上で[右クリック]-[頂点の削除(L)]をクリックすると。文字にかかる線が消去される。

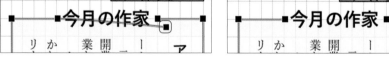

⑥ 全体的なレイアウトがグリッド線に合わせて作成されているか確認し，ファイル名を「図書館だより」として保存する。

7章

一般に見やすい紙面とは，文字の位置と図や写真の位置が，縦横一直線上にそろっている紙面である。例題22ではWordのグリッド線にあわせ，テキストボックスや写真などを配置しているので，若干のずれが生じている。テキストボックスや写真の位置を微調整し，縦横がそろった見やすい紙面に変更しなさい。なお，Wordでは Alt キーを押しながらドラッグすると，微調整が行える。（ファイル名「図書館だより2」）

　本書を学習するにあたり必要となるデータを，次の方法でダウンロードすることができる。

① ［スタートボタン］の横の検索ボックスをクリックし，「実教出版」と入力する。ダウンロードデータはインターネット上にあるので，上部メニューの［ウェブ］をクリックすると，右側に検索結果が表示される。

② 検索結果から，「実教出版ホームページ」をクリックすると，Microsoft Edgeが起動して実教出版のホームページが表示される。

※これ以降の画面は2019年12月のものであり，予告なく変更される場合があります。変更後も，同様の方法でダウンロードできるので，あしからずご了承下さい。

③ サイト内の検索欄に「30時間でマスター　Word」と入力し，検索すると，検索キーワードを含む書目の一覧が表示される。

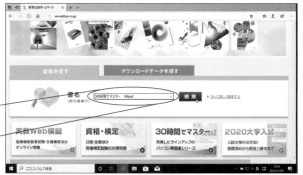

④ 表示された一覧から，「30時間でマスター　Word2019」をクリックする。

⑤ 開いた本書のWebページにある「ダウンロード」ボタンをクリックする。

⑥ ダウンロードデータ詳細ページが表示される。データファイルの横にある「ダウンロード」をクリックすると，ページの下にダウンロードの方法を尋ねるポップアップが出る。

⑦ 保存をクリックすると，データファイルのダウンロードが開始される。

⑧ ダウンロードが終了すると，メッセージが表示される。

| 30HWORD2019.zip のダウンロードが完了しました。 | 開く | フォルダーを開く | ダウンロードの表示 | × |

⑨ ［フォルダーを開く］をクリックすると，エクスプローラーでダウンロードフォルダーが表示される。

⑩ ダウンロードされたファイルはZIP形式で圧縮されているので，ファイルをダブルクリックして展開する。

⑪ 展開された「30HWord_2019」フォルダをダウンロードフォルダーにドラッグアンドドロップし，ファイルを伸張する。
※本書ではダウンロードフォルダーにデータをコピーしたこととして本文が展開されている。任意のフォルダーにコピーした場合には，読み替えて作業を行う必要がある。

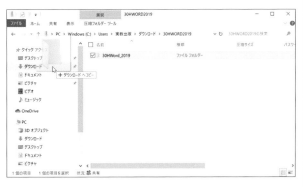

1. 文書の構成

ビジネスにおける通信文書においては，見栄えをよくする等の体裁を整えるために，それぞれの構成要素の順序や位置に一定の様式や習慣がある。その様式は，次のようになっている。

前付け

①文書番号　北 発 第 ２ ６ ５ 号

②発信日付　令 和 ○ 年 ６ 月 ９ 日

△

桜 高 等 学 校　③受信者名

◇ 進 路 指 導 部 　御中　④敬　称

△

⑤発信者名　北 関 東 国 際 大 学

入 試 部 長 　根 岸　 史 高 ◇ ◇

△

学 校 説 明 会 の ご 案 内　⑥件名(表題)

本文

⑧前　文　⑦頭　語

拝啓 ◇ 貴 校 ま す ま す ご 発 展 の こ と と お 喜 び 申 し 上 げ ま す 。

◇ さ て 、 本 年 度 も 高 校 生 を 対 象 と し た 学 校 説 明 会 を 、 下 記 の と お り

⑨主　文　開 催 い た し ま す 。 ま た 、 本 年 度 か ら グ ロ ー バ ル 人 材 の 育 成 を め ざ す

た め 、 国 際 経 済 学 部 を 設 置 す る こ と と な り ま し た 。

◇ つ き ま し て は 、 本 学 へ の 進 学 を 希 望 さ れ て い る 生 徒 の 皆 さ ま に 、

⑩末　文　同 封 の パ ン フ レ ッ ト を お 渡 し の う え 、 ご 案 内 く だ さ い ま す よ う お 願

い 申 し 上 げ ま す 。

⑪結　語　敬 ◇ 具 ◇

△

記

△

学　部	開 催 日 時	会　場
経 営 学 部	７ 月 ２ ６ 日 午 前 ９ 時	２ ０ １ 教 室
⑫別記事項 | 国 際 経 済 学 部 | ８ 月　２ 日 午 後 １ 時 | 視 聴 覚 室 |

◇ ※ 会 場 へ は 真 岡 駅 よ り 無 料 の シ ャ ト ル バ ス を 運 行 し て お り ま す 。

以 ◇ 上 ◇

後付け

⑬追　伸

※構成要素については，次のページで詳しく説明してあります。ご覧ください。

(注)◇は1文字分，△は1行分を空けるという印になります。

2. 通信文書の構成要素

❶ 前付け

No.	構成要素	要素の説明	操作・機能
①	文書番号	会社・団体ごとに発信文書につける通し番号。 「北発第２６５号」→北関東国際大学から発信した ２６５番目の文書という意味。	右寄せ
②	発信日付	文書を発送する日付。	右寄せ
③	受信者名	文書の受け取る会社名・個人名。 ・１行の場合には，１文字，字下げする。 ・２行の場合には先頭をずらす。	
④	敬称	・個人に出す場合・・・・・・・「様」「先生」「殿」 ・会社，学校など団体に出す場合・・・「御中」 ・大勢の方に同一の文書を出す場合・・「各位」	
⑤	発信者名	文書を発送する会社・団体の所在地・社名・発信者。 ・複数行になる場合には１文字目をずらす。	差出人は右寄せから２文字空ける

❷ 本文

No.	構成要素	要素の説明	操作・機能
⑥	件名(表題)	文書の内容を簡潔にまとめたもの。	中央揃え
⑦ ⑪	頭語・結語	文書の始めと終わりに書く言葉。 頭語と結語　　　「頭語」　→　「結語」 　　　　　　　　　拝啓　→　　敬具 　　　　　　　　　謹啓　→　　敬白・敬具 　　　　　　　　　拝復　→　　敬具 　　　　　　　　　前略　→　　草々	「結語」 ↓ 右寄せから１文字空け、文字間にも空白を入れる
⑧	前文	文書の書き始め。時候の挨拶等を述べる。	
⑨	主文	用件の具体的な内容を述べる。	
⑩	末文	文書の締めくくり。結びの挨拶を述べる。	
⑫	別記事項	主文の内容であるが，わかりやすくするため，「記」の後に簡条書きや表組みにして表示する。	「記」中央揃え

❸ 後付け

No.	構成要素	要素の説明	操作・機能
⑬	追伸 (同封物指示)	本文の補足や注意事項がある場合に記入。また，同封物がある場合に，その名称や数を記入。 別記事項の「記」に対して，「以上」で締めくくる。	「以上」 ↓ 右寄せから１文字空け，文字間にも空白を入れる

＜ DTP とは＞

DTP（Desk-Top Publishing）とは，出版物の原稿作成から編集，デザイン，レイアウトまでの作業をコンピューター上で行い，実際に印刷して出版に落とし込んでいく作業のことを指す。つまり，紙に印刷するための全ての工程がDTPということである。

＜ DTP の基本＞

DTPには，4つの基本的なルールがある。

❶ 近接

「近接」は，同じ要素を持つ仲間同士をくっつけて，逆に別の仲間同士を遠ざける，いわば「グループ分け」である。人間は視覚によって，その情報を分別することがある。例えば，複数のものを見たときに，「近い位置にあるから関係性が高い」「遠い位置にあるから関係性が低い」と自然と思う。この「近接」は，デザインだけでなく，商品陳列や人間関係まで幅広い領域で使われている。

❷ 整列

「整列」は，順番にきれいに並べるということである。全体の配置をきれいに整頓することで，見栄えがよくなる。ワードなどの文書ツールなどにある，左揃え，右揃え，中央揃えなどのように，基準に沿って揃えたり，また色ごとに一定の規則性に沿って情報を並べることで，情報がすっきりまとまって見える。また，近接で扱った「グループ分け」によって複数のグループを作った場合も，それぞれの文字頭を揃えるなどの工夫は整列の技術にあたる。テキストが多いデザインでは整列が有効である。

❸ コントラスト

「コントラスト」は，明るいと暗い，濃いと薄いなど，対比してメリハリをつけることによって，デザインをより見やすくすることができ，伝えたい情報をひと目で伝えることができる。ただし，コントラストをつける＝目立たせたいところをただ強調して，他のところと差をつけるというわけではない。たとえ文字が大きくても，文字の太さや書体，配色など様々な要素が噛み合っていないとコントラストの効果を最大限に活かすことができないので，注意が必要である。

❹ 反復

「反復」は，同じデザインを繰り返して使うことを指す。全体を通して同じデザインを使い続けることで，見やすさや統一感などを与えることができる。主に，プレゼン資料，雑誌など，紙1枚ではなく分量が多いときに使われる手法である。もちろん，紙1枚で済むくらい情報量が少ない資料でも，ある程度デザインの枠組みを決めて統一感を与えた方が見やすく効果的に情報を提供できる。

＜レイアウトの基礎＞

❶ レイアウトの目的

レイアウトとは，画像，イラスト，テキストなどを並べ，配置する作業のことである。レイアウトの目的は，決められた期限内に，伝えたい内容を，適切なターゲットに向けて伝え，場合によってはターゲットにアクションを起こしてもらうことである。レイアウトをする段階では，先に述べた基本的なルールを適切に活用する。

❷ 情報の整理

情報が整理されていないと，どんなにきれいにレイアウトしても，内容が伝わらなくなってしま

う。まず，伝えたい内容を見極め，関連性のあるものをグルーピングしていくつかのまとまりが判別できるようにする。

③ レイアウトの構成要素

　レイアウトの構成要素は，大きく分けると，文字と図版の2種類がある。文字は読んでもらってはじめて意味が伝わるものなので，読みたくなる仕掛けや自然と読み進めるような流れを作る必要がある。文字のレイアウトは「文字組み」ともいい，レイアウトの基本である。図版には写真，イラスト，グラフや地図などがある。図版は，一目でイメージを伝えたり，データの比較などをわかりやすくしたりする役割があり，レイアウトのメインとなることも多い。

④ 「版面率」と「図版率」

　レイアウトをする場合には，「版面率」と「図版率」に注意する。

■版面率

　ページ全体に対して文字や画像が占める割合のことである。版面率が高いと余白が少なく，低いと余白が多い。例えば，新聞は版面率が高くなっている。版面率が高いと，情報がぎっしり詰まっているような印象となる。対して版面率が低いデザインは，ホワイトスペースが多くなり，高級感やクールさを感じさせる。

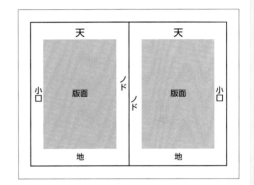

■図版率

　文字に対する図版の割合のことである。図版率が低ければ文字が多く，高ければ図版が多い。図版率が低いと，堅苦しいイメージになる。小説はテキストのみで構成されるので，図版率が0％である。逆に，絵本ではページのほとんどが絵なので，図版率が高いといえる。こちらは，親しみやすいイメージを与える。

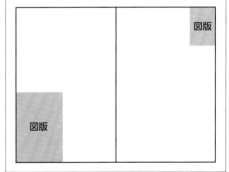

　このように，余白の量や文字・画像の割合によって，ページ全体の印象が大きく変化する。内容とイメージに合わせて「版面率」と「図版率」を調節するようにしよう。

⑤ ジャンプ率について

　「ジャンプ率」とは，テキストレイアウト時の本文と，見出しの文字サイズの比率のことをいう。見出しには，後に続く本文の中身をまとめ，大まかにセクションを区切る役割がある。それを強調するということは，全体の見やすさにつながるといえる。つまり，ジャンプ率を変える本来の意味は，「見やすさのため」なのである。「見やすさを調整する」というのがジャンプ率の本質である。
　単に「ジャンプ率が高い（または大きい）」と言うこともあるし，詳細に「本文・見出し・小見出しが『1：2：3』」や「タイトルは本文サイズの3倍」というように表現することもある。
　例えば，ジャンプ率を変えてみると，以下のようなイメージの違いになる。

【ジャンプ率 大きい】

見出し1

○○○○○○○○○○○○○○○
○○○○○○○○○○○○○○○
○○○○○○○○○○○○○○○
○○○○○○○○○○○○○○○
○○○○○○○○○○○○○○○

見出し2

○○○○○○○○○○○○○○○
○○○○○○○○○○○○○○○
○○○○○○○○○○○○○○○
○○○○○○○○○○○○○○○
○○○○○○○○○○○○○○○

躍動的，若者らしい，
大衆的
センセーショナル
安っぽい

【ジャンプ率 小さい】

見出し1

○○○○○○○○○○○○○○○
○○○○○○○○○○○○○○○
○○○○○○○○○○○○○○○
○○○○○○○○○○○○○○○

見出し2

○○○○○○○○○○○○○○○
○○○○○○○○○○○○○○○
○○○○○○○○○○○○○○○
○○○○○○○○○○○○○○○

落着き
高級感，大人っぽい
専門的
インパクト弱

ジャンプ率と媒体について，その関係を見てみよう。

■ スポーツ新聞の一面や週刊誌のゴシップ記事

これらは駅の売店に置いてあって，目を引くようなジャンプ率が非常に大きい，特大の見出しになっている。内容やコピーも注目を集める要素であるが，レイアウトがそれを強調している。

■ 文芸誌や教科書，技術書

大見出しであってもジャンプ率は最低限になっている。これらは本文をしっかり読ませることが目的の文書であり，特別目立つような見出しや，ぱっと見たときのインパクトはさほど必要としない。

■ パワーポイント

企画書などメディアでない文章の場合，企画のアイデア面を強く出したいのか，企画の内容を細かく伝えたいのか，によってジャンプ率の変化が有効であったりする。

■ Webページ

ネットの膨大な情報の中から必要な部分を見つけ出しやすいように，ジャンプ率が高く設定されている。とりあえずは本文を読まず，見出しを見て読むべき部分かどうか判断し，必要なら本文を読む，というイメージを持たせることができる。ジャンプ率の高さによる読み飛ばしやすさで，見やすいデザインにしている。

❻ グリッドシステム

「グリッドシステム」とは，レイアウトを行う際に格子状のガイドラインを引き，そのブロックごとに文字や図版を配置していくという手法である。グリッドシステムを用いて，文字や図版を配置するルールをつくることで，コンテンツが整理でき，デザインに統一感を与えることができる。

版面は，仕上がりサイズの周囲にマージンを定めると決まる。グリッドシステムは，版面の内側をいくつかの格子状で区切り，文章や画像，余白など，内部の構成要素の境界線が必ず格子状の線（グリッドライン）に合うように配置することで，いろいろな大きさの要素を複雑に配置しても，すっきりした見やすい構成にすることができる。

右図は，3×4の同じグリッドを使ったレイアウトの1つである。グリッドにはめ込んで配置するだけで，整列やグルーピングなどのルールに合ったきれいな仕上がりになる。

＜文字の基礎知識＞

ここでは，文字の役割や使い方を理解しよう。

① 書体とフォント

書体とは共通のルールのもとにデザインされた一群の文字のことである。また，フォントとは，同じ書体，同じサイズのアルファベット大文字，小文字，数字，記号類が1セットになったものである。しかし，DTPではひとつのフォントで拡大や縮小，変形ができるため，太字や斜体などのスタイルを含めてフォントと呼ぶようになった。明朝体，ゴシック体，毛筆体，楷書体，ポップ体など，さまざまな種類がある。現在のWindowsやMac OSでは，アウトラインフォント（画面表示やプリンターでの印刷時に，拡大してもギザギザにならず，きれいに出力できる文字フォント）のTrueTypeフォント（アップル社とマイクロソフト社が，共同で開発したフォント形式）が標準で使用されている。拡大・縮小しても文字の形が崩れず，高品位に印刷できる。

② フォントサイズ

文字の大きさをフォントサイズとよび，Q（級）やpt（ポイント）で表す。Qはミリメートルが基準となり1Q＝1/4㎜で，ポイントはインチが基準で1pt＝1/72inchとなる。

③ 明朝体とゴシック体

和文（日本語）の書体は，大きく分けて明朝体とゴシック体に分類される。明朝体は縦線に比べて横線が細く，横線の右端や曲がり角の右上に「山」がある書体である。ゴシック体は基本的に線の太さは一定で，「山」のない書体である。パソコンによってインストールされているフォントが異なるが，Windows10でWord2019を使っている環境では，次の和文フォントなどがインストールされている。

明朝体系の和文フォント	ゴシック体系の和文フォント
游明朝体	游ゴシック
MS/MSP明朝	MS/MSPゴシック
HG正楷書体－PRO	MS UIGothic
HG/HGP/HGS行書体	HG丸ゴシックM－PRO
HG/HGP/HGS明朝B	HG/HGP/HGSゴシックM
HG/HGP/HGS明朝E	HG/HGP/HGSゴシックE
HG/HGP/HGS教科書体	HG/HGP/HGS創英角ゴシックUB
HG/HGP/HGS創英プレゼンスEB	HG/HGP/HGS創英角ポップ体

④ セリフとサンセリフ

欧文フォントは，和文フォントの明朝体にあたる「セリフ（serif）書体」（例：Century）と和文フォントのゴシック体にあたる「サンセリフ（sans-serif）書体」（例：Arial）とその他の装飾系に分類される。セリフとは「ひげ」のことで，明朝体のような文字の端についている飾りをさす。

⑤ **等幅フォントとプロポーショナルフォント**

　等幅フォントは1文字1文字が全て同じ幅になっているフォントである。プロポーショナルフォントは1文字ずつ適正な幅が設定してあるフォントである。

　和文フォントでは，フォント名に「P」がついているものは，ほとんどの場合プロポーショナルフォントを意味している。例えば「MS Pゴシック」の「P」である。印刷やWebでの表示に使う場合は，基本的には文字の特性を考慮した「プロポーショナルフォント」の方が読みやすいといえる。

[1] 等幅フォント

[2] プロポーショナルフォント

⑥ **フォントファミリー**

　フォントには太さ (bold, thin) や傾き (Italic, oblique)，細さ (Condensed, Extended) など複数のバリエーションが用意されている。ベースとなるフォントとそのバリエーション全てをまとめたグループがフォントファミリーである。一つのコンテンツ内で複数のフォントを使用する際に，同一のフォントファミリーで統一すると，綺麗にまとまった形となる。

　右の図は「Avenir (アヴニール)」のフォントファミリーである。「Avenir」とはフランス語で「未来」という意味である。

Avenir Light
Avenir Book
Avenir Book Oblique
Avenir Roman
Avenir Medium
Avenir Heavy
Avenir Black

<文字組み>

① **「仮想ボディ」と「字面枠」**

　仮想ボディとは，原稿用紙のマス目のような正方形の枠である。漢字・ひらがな・カタカナの全てが，この枠の中に入るようにデザインされている。さらに，文字は仮想ボディぎりぎりに収まるわけではなく，実際はもう一回り小さい枠の中に入っている。この内側の枠を「字面」とよぶ。同じ文字サイズであれば，「仮想ボディ」のサイズは変わらないが，「字面」は文字によって異なる。特に，漢字とひらがなでは字面に差がある。

仮想ボディ

字面枠

② **「字間・字送り」と「行間・行送り」**

字間：文字の仮想ボディ間の隙間。

字送り：字の中心と，次の字の中心との距離。「字間」という表現が，仮想ボディ間のことではなく，「文字間隔，字と字の間のこと」というように，実は字面間の隙間のことを言うこともある。

字間　字送り

行送り　行間

行間：行をはさんでの文字の仮想ボディ間の隙間。

行送り：行の最上部から，次の行の最上部までの距離。ワープロソフトによっては「行送り」を「行間」と表現している場合もある。

❸ 文字組みの種類

■ベタ組み

　これは，字間がゼロ（文字サイズ＝字送り）の設定で，シンプルに仮想ボディが並んだ，原稿用紙のような状態の組み方である。文字はそれぞれ字面が異なり，ベタ組みにおいては，文字間隔が開いて，間のびしたような箇所が出てくる。小さい「っ」・「ょ」のような文字，句読点・かっこなどが入ると，隙間のばらつきは一層目立つ。

■カーニング

　カーニングとは，特定文字と文字の間隔を調整する処理のことで，横の文字に合わせて調整をおこなう。主に欧文フォントの調整に使う処理である。カーニングを処理していない場合，文字と文字の間には空白が生じるが，最適に処理することで文字間の空白を均一にすることができる。特に，キャッチコピー，見出しといった大きめのフォントサイズを使うものの場合，不自然な空白が目立つことが多くカーニングが重要となる。

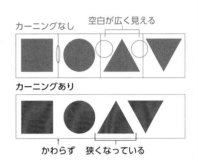

■トラッキング

　文字単体ではなくまとまった文字列の調整に使用する処理のことである。主に本文に対して行う。見た目に美しく，整然とした印象になる。カーニング同様，通常は欧文フォントの調整に使うが，日本語フォントにも使用することが可能である。設定時の単位は「em」で，フォントサイズを1とした時の1/1000が1emである。

＜文章レイアウト＞

❶ テキストボックスの作成

　文章を配置する部分は，あらかじめスペースを作っておく。一般的には四角のテキストボックスを作っておく。

❷ 文章の向き

　配置には，「右揃え・中央揃え・左揃え」の3パターンがあるが，横組みの場合は右揃え，縦組みの場合は左上から揃えていくのが一般的である。文章が多い場合は「段組み」を活用する。デザインのレイアウトによっては，文章を縦に配置する場合と横に配置する両方の場合がある。制作物と文章量によって，どちらの方が読みやすい構成が作れるか意識しながら，文章の向きを決定する。

❸ 文字を読む順番・流れに注意

　デザイン性に気を取られて意外と見落としてしまうのは，文章を読むときの視線の流れである。一般に横書きのときは，左上から右へ読んでいき，縦書きのときは，右上から左へ読んでいく。縦書きと横書きが混合したレイアウトの場合，配置によっては読みにくい上に，わかりにくい構成になってしまうので，文章の向きは統一しておく。

④ 「行間」，「行長」，「文字サイズ」の確認

テキストエリアボックスに文章を入れ込んだ後には必ず，「行間」と「行長（文字列の長さ）」，そして「文字サイズ」のバランスを確認する。

■文字サイズと行間のバランス

特に注意するのが，「文字サイズと行間のバランス」である。文字のサイズは「ポイント(pt)」で表され，1ptの大きさは「1pt＝約0.3mm」である。本文の文字サイズは8〜10ptが最適とされている。高齢者や若年層に向けたドキュメントであれば，文字サイズを大きくして判読性を向上させる。本文の行間は縦組みであれば使用する文字サイズの50〜100％程度（行送りでは1.5〜2倍），横組みの場合は50〜75％（行送りでは1.5〜1.75倍）程度が最適とされている。

■行長の最適化

長文の文字組みで最も大切なことは文章を読んで理解することを邪魔しないことである。1行の文字数が少なすぎると行末から行頭への移動回数が多くなって疲労を感じやすくなる。また，1行の文字数が多すぎると，行末から行頭への移動距離が長くなり，次行の行頭を探すことが多くなって疲労を感じやすくなる。無理なく読める1行の文字数は，縦組みの場合は20〜45文字程度，横組みの場合は15〜35文字程度といわれている。

> 吾輩は猫である。名前はまだ無い。どこで生れたかとんと見当がつかぬ。何でも薄暗いじめじめした所でニャーニャー泣いていたことだけは記憶している。吾輩はここで始めて人間というものを見た。しかもあとで聞くとそれは書生という人間中で一番獰悪な種族であったそうだ。この書生というのは時々我々を捕えて煮て食うという話である。

1行の文字数「30」，文字サイズが「10pt」，行間は「17.5」

＜配色の基礎知識＞

デザインをする上で，色（カラー）の知識は必要不可欠である。ここでは，色の基本知識と配色について学ぼう。

① 3原色とカラーモード

色は基本となる3色を混ぜることにより，いろいろな色を表現できる。色の3原色には，光の3原色と塗料（インク）の3原色がある。

■RGBカラーとは

RGBとは，光の3原色「赤(Red)」「緑(Green)」「青(Blue)」で構成される色のことであり，パソコンやテレビのモニターで色を表現する発色方式である。パソコンやテレビではRGBのカラーの小さな点状もしくは線状の発光体によって様々なカラーを表現する。

[光の3原色]

■ CMYK カラーとは

CMYKとは，「シアン(Cyan)」「マゼンタ(Magenta)」
「イエロー(Yellow)」「ブラック(Black)」の4色のことである。一般的なチラシやポスターなどのカラー印刷物はこの4色で印刷され，プロセスカラー印刷とも呼ばれる。通常の4色フルカラー印刷で使われる「CMYK」は，C・M・Yの「色の3原色」のインクの重ね合わせで色を表し全ての色が重なる部分はK(黒)になる。しかし，インクの重ね合わせで表わされた黒は，若干しまりのない黒になってしまう。黒は文字に一番使われる色であるが，それを掛け合わせの3色で印刷してしまうと微妙な版のずれによって文字周りに色がはみ出してしまうことがあり，品質的にいいものができない。そのため実際には「黒」の部分をKインクで表すので合計4色となる。

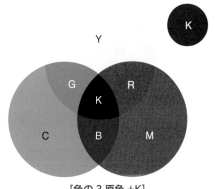

[色の3原色 +K]

② 色の三属性

「赤色」と言われてどんな色を思い浮かべるだろうか。りんごのような赤色，宝石のルビーのような深い赤色，血のような鮮やかな赤色…。一口に「赤色」といっても，私たちが思い浮かべる赤色はそれぞれ違っている。このようなことが起こらないように，色の要素を使って私たちはより具体的にどんな「赤色」なのかを指定する必要がある。そのためには「色相」「彩度」「明度」の3つの要素を理解することが大切である。

■色相

「色相」とは，色の違いを識別するための「赤」，「黄」，「緑」，「青」，「紫」といった色味のことである。一般的に色の順番は光のスペクトルが元になっている。

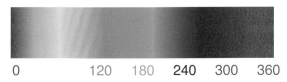

| 0 | 120 | 180 | 240 | 300 | 360 |

棒状のスペクトルでは両端にある色どうしの繋がりが見えないため，サークル状に表現されている。この徐々に変化していく色相を円形に並べたものを「色相環」という。

色相を円状に配置することにより，馴染みやすい隣り合う色，反対側にある色が補色など，色を組み合わせるときに必要な情報や関係性が，理解しやすくなっている。この色の配置，色の移り変わりをしっかり覚えておくとよい。

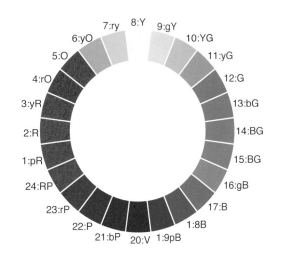

■明度

　「明度」とは，色の明るさを表すものである。同じ色相でも，明るさによって見える色には変化がある。一般的に明るい・暗いという表現で使われ，明るくなればなるほど「高明度」，暗くなれば「低明度」と表現する。

低明度　　　　　　　　高明度

■彩度

　「彩度」は，色の鮮やかさ，混じりけのなさを表すものである。分かりやすく表現すると，絵の具のチューブから出されたそのままの色は混じりけのない色で，別の色と混ぜ合わせると混じりけのある色といえる。

低彩度　　　　　　　　高彩度

　彩度が高いことを「高彩度」と呼び，鮮やかで鮮明な色になる。反対に彩度が低いことを「低彩度」と呼び，くすんだような混じりけのある色になっていく。この彩度を持つ色は「有彩色」と呼ばれ，彩度が下がるほど無彩色に近づいていく。一方，「白」「黒」「灰色」は「無彩色」と呼ばれ，三要素のうち「明度」しか持っていない特殊な色になる。色のスペクトルの中に含まれていないこの2色は，高明度が白，低明度が黒という範囲の中で「灰色」の濃淡のみが変化する。

③　カラースキーム（配色）

　色相環上で向かい合う2色か，色相環上で等間隔に三角形を形成する3色か，長方形を形成する4色（実際には，色相環上で向かい合う色を2対）を使うと，調和のとれた色の組み合わせになる。調和のとれた色の組み合わせは，カラースキーム（配色）と呼ばれる。また，色相環には，暖色と寒色があり，暖色はエネルギーや喜び（個人的なメッセージに最適）を表し，寒色は冷静さや秩序（オフィスでの使用に最適）を表す。

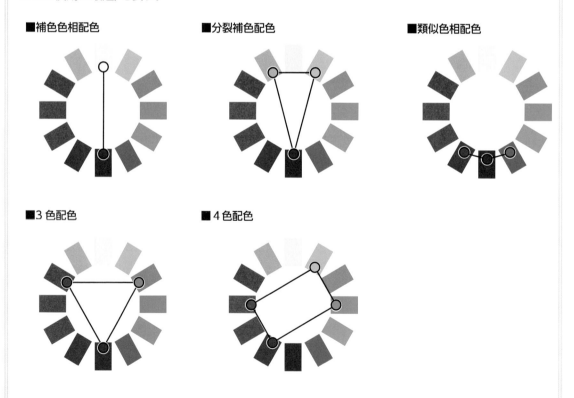

■補色色相配色　　　■分裂補色配色　　　■類似色相配色

■3色配色　　　■4色配色

④ トーン

　トーンとは，明度と彩度の比率を揃えた「色の調子」のことを指す。トーンを揃えると，色相が変わっても色の調子が整って見えるので，まとまった色彩設計を行なうことができる。右の図は縦軸を明度，横軸を彩度とし，各トーンの色相群のバランスを示したものである

v（ビビッド）：彩度が最も高く，目立ちやすく生き生きした色相群。

b（ブライト）：明るくてビビッドよりも爽やかな印象を与えるトーン。

s（ストロング）：目に付きやすく原色に近い色合いで，自然ではっきりとした印象。

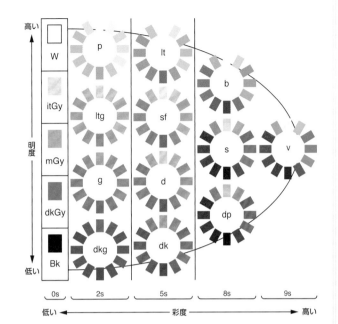

dp（ディープ）：黒に近づきながらも各色相が認識できるカラーなので，落ち着いた印象を与える。

lt（ライト）：パステルカラーとして使われることが多く，明るく爽やかな印象。

sf（ソフト）：色相の鮮やかさを残しながら，爽やかでソフトな印象を与える。

d（ダル）：やや堅めで真面目な印象を与えやすく，男性向けの商材にもよく合うカラー。

dk（ダーク）：男性的で大人っぽく，重厚なイメージを与える。

p（ペール）：背景色に適しており，柔らかく上品な印象。

ltg（ライトグレイッシュ）：背景色や広域に使う色に向いており，上品さや柔らかさがある。

g（グレイッシュ）：アースカラーとも言われ，自然色やナチュラルさを表現するのに使われる。

dg（ダークグレイッシュ）：純粋な黒より柔らかい印象を与えることができる。

⑤ テーマカラー

　配色を決めるときは，まず「テーマカラー」を決める。テーマカラーを決めると統一感があるデザインに仕上がる。テーマカラーは，「ベースカラー」「メインカラー」「アクセントカラー」の3色である。それぞれの構成比を，ベースカラー70％，メインカラー25％，アクセントカラー5％程度にすると，バランスのとれたまとまりのあるデザインになる。決める順番は，メインカラー，ベースカラー，アクセントカラーの順となる。

■メインカラー

　メインカラーはデザインのテーマとなる色である。たとえば，企業のパンフレットならカンパニーカラーを使い，学校であればスクールカラーを使う。メインカラーは，ロゴ部分や見出し，キャッチフレーズなど，見る人にとって目にとまりやすい箇所に使用する。

■ベースカラー

　背景色など，もっとも広い面積に使用されるのがベースカラーである。一般的に，白またはライトグレーなどの明度の高い濁色が使われることが多い。また，メインカラーの明度を上げた色をベースカラーに使うと，まとまりのある印象になる。

■アクセントカラー

　最後に選ぶ「アクセントカラー」は，注目させたい，見落とされたくないポイントにだけ使用する色である。メインカラーの反対色を使うと，鮮やかさが引き立つので目にとまりやすくなる。

　右図のように，メインカラーが青緑の場合は赤系の色をアクセントカラーに選ぶと，効果的である。

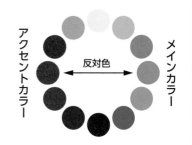

⑥ 色がもつ心理的なイメージ

　色には，それぞれ異なるイメージがある。たとえば「赤」なら，燃えるような炎をイメージさせることから，"闘争心を掻き立てる"などである。もちろん，生まれた国や文化，環境によって違いはあるものの，ある程度は色で共通のイメージを与えられる。

色	イメージ
赤	情熱的・力強さ・活動的・興奮・怒り・衝動的・破壊・停まる・刺激・生命力
橙	活発・家庭・暖かい・温もり・フレッシュ・にぎやかさ・親しみ・ポジティブ
黄	好奇心・幸福・光・活動的・軽快・エネルギー・希望・明るさ・月
緑	穏やかさ・調和・自然・平和・安全・協調・新鮮・さわやか・森林・健康
青	平和・安全・冷静・静寂・誠実・清潔・クリア・若い・さわやか・水・空・海
紫	優雅・上品・神秘・古典的・伝統・知性・気品・ロマンス・幻想的・ラベンダー
茶	温もり・安定・素朴・落ち着き・質素・堅実・静けさ
白	清楚・清潔・潔さ・美しさ・純粋・神聖・無垢・シンプル
灰	調和・憂鬱・不安・過去・薄暗い・中立・協調性・洗練・シャープ・落ち着き
黒	暗闇・死・恐怖・悪・沈黙・高級感・男性的・都会・重厚感・厳粛
銀	冷たさ・金属・洗練・硬い・上品・冷静
金	成功・高級・富・頂点・輝き・豪華

■「ターゲット」と「目的」を意識して色を組み合わせる

　デザインをつくる際は，色のがもつイメージを考慮しつつ，「ターゲット」と「目的」をしっかり見極める。誰に向けて，何を届けたいのか，いつ使うものなのかを意識しながら，色を選ぶとよい。オーソドックスな色の組み合わせは，暖色系，寒色系，色相，明度，彩度といったカテゴリーを統一することである。たとえば，明度が高い色だけで組み合わせると，女性や子供向けのテーマに似合うやさしいイメージになる。

■ 「見えやすさ」に配慮する

伝えたいイメージを意識することも重要であるが，デザインする際は「見えやすいかどうか」も考える必要がある。「視認性（見やすさ）」と「誘目性（目を引き付ける度合い）」である。

視認性を高めるためには，色と色の差を出すのがポイントである。明度や彩度，色相に違いを出して強調する。誘目性については，一般的に赤・橙・黄などの暖色系は高く，緑・青・紫などの寒色系は低いとされている。誘目性を高める必要がある例として，信号の「停止」の意味を持つ「赤」が挙げられる。

明度に差をつける

彩度に差をつける

色相に差をつける

黒地の場合　　　白地の場合

■ 「進出色」と「後退色」を使い分ける

色には，前に出て見える「進出色」と奥に引っ込んで見える「後退色」がある。下図を見るとわかるように，暖色かつ明度の高い色は進出色，寒色かつ明度が低い色は後退色になる。この法則を使えば，主張したいポイントを簡単に目立たせることができる。

進出色　　　　　　　　後退色

前に出て見える　　　奥に引っ込んで見える

■ 「黒文字」をなじませると統一感が生まれる

説明部分のテキストなどは，黒文字を使うことが多い。その際，黒100％ではなく，テーマカラーを混ぜてなじませると，全体的に統一感が出てスタイリッシュな印象になる。

黒100%　　　　テーマカラーを混ぜた文字

あいうえお　　　　あいうえお

■ 動きをつくる「グラデーション」

色数は増やさず，リズムや動きを出したいときに「グラデーション」を使う。単色よりも格段に動きがあるように見える。光が当たっているように見せるときにも有効である。ただし，グラデーションは基本的に特殊な加工になるため，目的がある場合のみ使用する。

グラデーションあり

グラデーションなし

真正面からの光
（弱い）

斜めからの光　　　真上からの光
（やや強い）　　　（強い）

＜画像の基礎知識＞

① データ形式

一般的に，画像データは「ビットマップ」と「ベクター」の2つに分かれる。これらは，画像の表現方法が異なるので，用途に適したデータ形式を選択する。

■ 「ビットマップ（Bitmap）形式」

画像を小さな点（ピクセル）の集合として表現する。画像を細かい格子状に分割し，その正方形の点ひとつひとつに色や輝度の情報が与えられている。ビットマップ画像を拡大すると，小さな点であったはずのピクセルも拡大され，ジャギーと呼ばれるギザギザが発生する。

■「ベクター（Vector）形式」

　複雑な計算式によって画像の色や形を表現する。点・線・多角形などの情報を座標値や属性として保持し，数値データから演算される図形として画像を表現する。ベクター形式の画像は拡大しても，数値データを変化させて再描写される。ジャギーの発生した荒い画像になることはない。このように，拡大・縮小や変形処理に強いのがベクターの利点である。しかし，ベクター画像は計算式で表現されるため，複雑な画像の描写には不向きと言える。写真のように，多彩な配色や複雑な輪郭を，計算による図形として表現するのは困難であるし，編集する場合も，膨大な演算が必要となる。

　これらを踏まえて，「ビットマップ」は，写真など，複雑な画像の表現に利用され，「ベクター」は，図面・ロゴなどの単純な画像，拡大して使用する絵や文字の表現に利用という使い分けが一般的になっている。

② 解像度

　解像度とは，画質の細やかさを数値として示したもので，単位はドット・パー・インチ（dpi）である。これは1インチを何個の点（ドット）の集まりで表現するかを意味する値である。数値が高ければ，画質の綺麗な画像ということになる。インターネットで使用されている画像は，モニターでは綺麗に見えるが，印刷するととても粗い画像となってしまう。

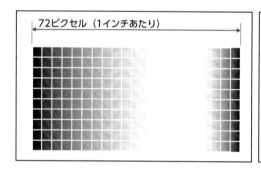
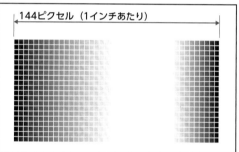

■スクリーン線数と必要解像度

　印刷物の精度をあらわすのにスクリーン線数（lpi）が使われる。印刷する紙の質や印刷方法などによって適正なスクリーン線数（lpi）がある。このスクリーン線数と画像の解像度の組み合わせで印刷の綺麗さが決まる。スクリーン線数を上げれば精細な印刷が可能になるが，質にあった紙を使わないと，それ以上綺麗には印刷されない。粗い紙に必要以上のスクリーン線数で印刷しても，紙にインクを吸収されずにじみ易くなり，結果として汚く印刷されてしまう。スクリーン線数の2倍が必要解像度（dpi）となる。印刷する紙の種類によってスクリーン線数は変わってくる。

　一般的に印刷物に使用する画像は350dpi 程度あれば十分とされている。モノクロ2階調とは，画像を白・黒の2色のみで表現したものである。手書きのイラストや文字をスキャンする時や，線画制作等に向いている。カラー写真等と比べると画像のエッジ（輪郭）のギザギザが目立ってしまうので，1200dpiと高い解像度での保存が望ましい。

紙の種類	スクリーン線数	解像度
新聞など荒い紙	60～80lpi	120～160dpi
文字が主体の雑誌・書籍	80～133lpi	160～266dpi
カタログ，写真雑誌，チラシ	175lpi前後	350dpi
モノクロ2階調	400～600lpi	800～1200dpi

■解像度の変更

　画像を拡大・縮小するときには，変更後のサイズを350dpi前後にする必要があるので，画像を2倍に拡大するのであれば，元画像は700dpi前後の解像度があればよいことになる。

③ ファイル形式
■「ビットマップ」

拡張子	特　徴
JPEG（ジェイペグ）	写真に向いている。色の微妙な変化をカットして，データサイズを小さくできる。一度圧縮すると画質が劣化して戻らない。品質とサイズの観点から，読み込み速度が必要なWebページに多く使われている。
GIF（ジフ，ギフ）	単色の多いイラストなどの画像に向く。色数が少なく，フルカラーから圧縮すると元に戻らない。透明度の処理，アニメーションが可能。複雑な画像には向かないが，はっきりした輪郭が必要なロゴによく使用される。
PNG（ピン，ピング）	圧縮による劣化はなく，可逆性がある。高品質だが，圧縮してもJPEGほどデータサイズは小さくならない。GIF同様に透明度の処理ができる。
TIFF（ティフ）	画像を圧縮せずに保存でき，編集・保存による劣化がない。ビットマップの品質を保持しつつ，様々なソフトで使える標準フォーマット。非圧縮のためデータサイズが大きい。
PSD（ピーエスディー）	Adobe Photoshop独自の標準ファイル形式。編集情報も保存でき，ユーザー同士でのデータのやりとりは便利。他の多くのソフトに対応しておらず，最終的には汎用的な形式にする。

■「ベクター」

拡張子	特　徴
EPS（イーピーエス）	ベクター，ビットマップの両方を含むことができる。ほとんどのソフトで使用できる標準フォーマット。印刷は可能だが，最終的にはビットマップ化されることが多い。
AI（エーアイ）	Adobe Illustrator独自のベクター形式。PSDと同様，ソフト固有の編集情報も保存できるが，そのままの状態では互換性が低い。

巻末資料 4 インターネット利用のモラル

　第6章で作成したWebページをインターネット上に公開するためには，以下のようなことに注意する必要がある。

- Webページの素材として，他人が創作した文章や絵画、音楽などをを利用するときは著作権者の許諾を得なければならない。著作権の侵害にならないように気をつけよう。
- 他人のページにリンクをはるときは，そのWebページの管理者に連絡する。リンクをはるだけであれば著作権侵害にはならないが，Webページの管理者にリンクをはったことを連絡するのはマナーである。
- 高齢者や障害のある人でも利用しやすいようなWebページづくりを心がける。バリアフリーなWebページづくりを心がけよう。

　インターネット上には，Webページが無数に存在し，莫大な情報や多様なサービスが提供されている。ネットショッピング，SNS（ソーシャルネットワーキングサービス），音楽や映像の配信，ネットバンキングなどは，私たちの生活に役立つ大変便利なものである。インターネット利用に際しては，人と接するとき，電話で話をするとき，手紙を書くときなどにもマナーがあるように，インターネットの世界にも守るべきルールやマナーが存在する。そのルールやマナーをきちんと理解し，トラブルを避けると同時に，絶対に加害者にならないよう注意しよう。

① 自分の行動には責任を持つ

　インターネットでは匿名でのコミュニケーションがひとつの魅力になっているが，これが悪用されることも多い。インターネットは自己責任の世界であるので，自分の行動には責任を持とう。

② すべての情報発信は謙虚な姿勢で

　コンピューターでつながったインターネットの向こう側には，あなたと同じ感情を持った人間がつながっている。相手の顔を思い浮かべ，思いやりと謙虚な姿勢で利用するように心がけよう。

③ むやみに個人情報を公開しない

　ネットショッピングや会員制のサイトを利用するときは，個人情報を問われることがあるが，それによって危険が生じることもある。むやみに個人情報を公開しないようにしよう。

④ 危険なサイトに近づかない・利用しない

　インターネット上の多くのトラブルが，アダルトや出会い系などの有害情報サイトをきっかけに起こっている。危険なサイトには近づかず，利用しないように注意しよう。

⑤ 著作権・肖像権などを侵害しない

　先に挙げた著作権侵害のほかに，勝手に人物の写真を撮って，それをWeb ページや掲示板に載せることは肖像権の侵害になるし，トラブルの原因にもなるので，取り扱いには細心の注意を払おう。

⑥ コンピューターウイルスへの対策を講じる

　インターネットを楽しむ前に，ウイルス対策ソフトを購入し，インストールしよう。そして，定期的に最新のものにアップデートを行うようにしよう。

⑦ アカウント（ユーザー ID，パスワード）はしっかり管理する

　インターネットや電子メール，学校のコンピューター室などを利用するためのアカウント（ユーザー ID，パスワード）は，キャッシュカードの暗証番号と同じくらい大切なものなので，厳重に管理しよう。

さくいん

ローマ字・かな対応表

あ	A（あ）	I（い）	U（う）	E（え）	O（お）
	LA(XA)（ぁ）	LI(XI)（ぃ）	LU(XU)（ぅ）	LE(XE)（ぇ）	LO(XO)（ぉ）
か	KA（か）	KI（き）	KU（く）	KE（け）	KO（こ）
	KYA（きゃ）	KYI（きぃ）	KYU（きゅ）	KYE（きぇ）	KYO（きょ）
さ	SA（さ）	SI(SHI)（し）	SU（す）	SE（せ）	SO（そ）
	SYA（しゃ）	SYI（しぃ）	SYU（しゅ）	SYE（しぇ）	SYO（しょ）
	SHA		SHU	SHE	SHO
た	TA（た）	TI(CHI)（ち）	TU(TSU)（つ）	TE（て）	TO（と）
	TYA（ちゃ）	TYI（ちぃ）	TYU（ちゅ）	TYE（ちぇ）	TYO（ちょ）
	CYA	CYI	CYU	CYE	CYO
	CHA		CHU	CHE	CHO
	THA（てゃ）	THI（てぃ）	THU（てゅ）	THE（てぇ）	THO（てょ）
な	NA（な）	NI（に）	NU（ぬ）	NE（ね）	NO（の）
	NYA（にゃ）	NYI（にぃ）	NYU（にゅ）	NYE（にぇ）	NYO（にょ）
は	HA（は）	HI（ひ）	HU(FU)（ふ）	HE（へ）	HO（ほ）
	HYA（ひゃ）	HYI（ひぃ）	HYU（ひゅ）	HYE（ひぇ）	HYO（ひょ）
	FA（ふぁ）	FI（ふぃ）		FE（ふぇ）	FO（ふぉ）
	FYA（ふゃ）	FYI（ふぃ）	FYU（ふゅ）	FYE（ふぇ）	FYO（ふょ）
ま	MA（ま）	MI（み）	MU（む）	ME（め）	MO（も）
	MYA（みゃ）	MYI（みぃ）	MYU（みゅ）	MYE（みぇ）	MYO（みょ）
や	YA（や）	YI（い）	YU（ゆ）	YE（いぇ）	YO（よ）

ら	RA（ら）	RI（り）	RU（る）	RE（れ）	RO（ろ）
	RYA（りゃ）	RYI（りぃ）	RYU（りゅ）	RYE（りぇ）	RYO（りょ）
わ	WA（わ）	WI（うぃ）	WU（う）	WE（うぇ）	WO（を）
ん	NN（ん）	N（ん）	Nに続けて子音を入力すれば，Nだけで「ん」となる。		
が	GA（が）	GI（ぎ）	GU（ぐ）	GE（げ）	GO（ご）
	GYA（ぎゃ）	GYI（ぎぃ）	GYU（ぎゅ）	GYE（ぎぇ）	GYO（ぎょ）
ざ	ZA（ざ）	ZI(JI)（じ）	ZU（ず）	ZE（ぜ）	ZO（ぞ）
	JYA（じゃ）	JYI（じぃ）	JYU（じゅ）	JYE（じぇ）	JYO（じょ）
	ZYA	ZYI	ZYU	ZYE	ZYO
	JA		JU	JE	JO
だ	DA（だ）	DI（ぢ）	DU（づ）	DE（で）	DO（ど）
	DYA（ぢゃ）	DYI（ぢぃ）	DYU（ぢゅ）	DYE（ぢぇ）	DYO（ぢょ）
	DHA（でゃ）	DHI（でぃ）	DHU（でゅ）	DHE（でぇ）	DHO（でょ）
ば	BA（ば）	BI（び）	BU（ぶ）	BE（べ）	BO（ぼ）
	BYA（びゃ）	BYI（びぃ）	BYU（びゅ）	BYE（びぇ）	BYO（びょ）
ぱ	PA（ぱ）	PI（ぴ）	PU（ぷ）	PE（ぺ）	PO（ぽ）
	PYA（ぴゃ）	PYI（ぴぃ）	PYU（ぴゅ）	PYE（ぴぇ）	PYO（ぴょ）
ヴぁ	VA（ヴぁ）	VI（ヴぃ）	VU（ヴ）	VE（ヴぇ）	VO（ヴぉ）

っ（促音）
後ろに子音を2つ続ける。
　［例］　だった…DATTA
単独で入力するとき「L」または「x」をつける。
LTU (XTU)

●本書は，2019年9月のWordのバージョンにて編集されています。お使いのバージョンにより，紙面と異なる画面表示の場合がありますが，弊社では対応いたしかねますので，あらかじめご承知おき下さい。
●本書に関するご質問，ご不明点につきましては，書名・該当ページとご質問内容を明記のうえ，FAXまたは書面にてお送り願います。なお，ご質問内容によっては回答に日数をいただく場合もございます。また，ソフトウェアの機能や操作方法に関するご質問にはお答えできませんので，あらかじめご了承ください。
FAX：03-3238-7717

本書の関連データが Web サイトからダウンロードできます。
https://www.jikkyo.co.jp/download
で「30時間でマスター Word」を検索してください。

Windows10対応
30時間でマスター　Word 2019

2020年 1 月30日　初版第 1 刷発行
2023年 1 月30日　　　第 3 刷発行

●編　者　　実教出版企画開発部
●発行者　　小田　良次
●印刷所　　大日本印刷株式会社
●発行所　　実教出版株式会社

表紙デザイン　松　利江子
本文デザイン　エッジ・デザインオフィス

〒102-8377　東京都千代田区五番町5
電話　03-3238-7765（営業）
　　　03-3238-7777（高校営業）
　　　03-3238-7751（企画開発）
　　　03-3238-7700（総務）
https://www.jikkyo.co.jp/

ISBN978-4-407-34836-1

Word 2019　▶ 主な作業ウィンドウ

図形の書式設定

テキストボックス，図形を選択し，【図ツール▶書式】タブの【図形のスタイル】グループの右下にある，
【ダイアログボックス起動ツール】をクリックするとウィンドウの右側に作業ウィンドウが表示される。

▶ 図形のオプション

作業ウィンドウが表示されている状態で，文字や画像など
を選択すると，該当の作業ウィンドウに切り替わる。